*O ciúme é cobrador, controlador, sabotador, impulsivo...
ninguém muda ninguém.
Temos o poder de piorar os outros, e não de mudá-los.
O amor é paciente, o ciúme é neuroticamente ansioso.
O amor é apostador, o ciúme tem a necessidade neurótica da inveja.
O amor é tolerante, o ciúme é implacável.
O amor é desprendido, o ciúme é vingativo.
O amor é libertador, o ciúme é controlador.
O amor é investidor, o ciúme é explorador.
O amor é humilde, o ciúme é arrogante (centro das atenções).*

ANSIEDADE 3
CIÚME

AUGUSTO CURY

O AUTOR MAIS LIDO NESTE SÉCULO NO BRASIL
PUBLICADO EM MAIS DE 70 PAÍSES

ANSIEDADE 3
CIÚME

O medo da perda acelera a perda

Benvirá

ISBN 978-85-5717-133-6

DADOS INTERNACIONAIS DE CATALOGAÇÃO NA PUBLICAÇÃO (CIP)
BIBLIOTECÁRIA RESPONSÁVEL: ALINE GRAZIELE BENITEZ CRB1/3129

C988a Cury, Augusto
1.ed.   Ansiedade 3: ciúme / Augusto Cury. – 1.ed. –
         São Paulo: Benvirá, 2017.

ISBN: 978-85-5717-133-6

1. Ansiedade. 2. Ciúme. 3. Casais. 4. Mente.
5. Relacionamento. 6. Emoção. I. Título.

CDD 152.46
CDU 159.942

somos | **Benvirá**
EDUCAÇÃO

Av. das Nações Unidas, 7221, 1º Andar, Setor B
Pinheiros – São Paulo – SP – CEP: 05425-902

SAC | 0800-0117875
De 2ª a 6ª, das 8h às 18h
www.editorasaraiva.com.br/contato

Presidente   Eduardo Mufarej
Vice-presidente   Claudio Lensing
Diretora editorial Flávia Alves Bravin
Editoras   Débora Guterman
                   Paula Carvalho
                   Tatiana Vieira Allegro
Produtores editoriais Deborah Mattos
                   Rosana Peroni Fazolari
Suporte editorial Juliana Bojczuk

Preparação   Tulio Kawata
Revisão   Laila Guilherme
                   Maísa Kawata
Diagramação   Eduardo Amaral
Capa   Deborah Mattos
Ilustração de capa Thinkstock/Maartje van Caspel
Impressão e acabamento Prol Editora Gráfica

Índice para catálogo sistemático:
1. Ansiedade: ciúme
2. Relacionamento

Copyright © 2017, Augusto Cury

Todos os direitos reservados à Benvirá,
um selo da Saraiva Educação.
www.benvira.com.br

1ª edição, 2017

Nenhuma parte desta publicação poderá ser reproduzida por qualquer meio ou forma sem a prévia autorização da Saraiva Educação. A violação dos direitos autorais é crime estabelecido na lei nº 9.610/98 e punido pelo artigo 184 do Código Penal.

EDITAR | 16369 | CL | 670528 | CAE | 621267

Sumário

Prefácio 9

1 | Um fantasma antigo: uma breve história do ciúme 13
   Um fantasma remoto 13
   Um "vírus" muito comum: o ciúme na política 15
   Sociopatas têm ciúme 16
   O ciúme na era digital: a epidemia 18

2 | Educar a emoção é vital para prevenir o ciúme 23
   Uma educação que forma mentes despreparadas para amar ... 23
   A tese bela e ingênua de Vinicius de Moraes 28

3 | O ciúme doentio: *stalker* – o perseguidor 33
   Ciúme: uma palavra pequena, um vírus poderoso 33
   Stalking: o ciúme fatal 34
   Armadilhas mentais 40

4 | Casais que se digladiam: o coliseu emocional 41
   O ciúme nas relações conjugais: construindo coliseus 41
   O ciúme brando e o ciúme doentio 42
   Causas do ciúme doentio e egoísta 43

5 | O ciúme, a ansiedade e a solidão da consciência 57
   A solidão paradoxal da consciência existencial 57
   A consciência existencial é virtual 61
   A ansiedade vital e o ciúme 63

6 | O ciúme e a solidão do autoabandono 65
   A solidão paradoxal: ansiedade e ciúme 65

Não se isole 67
Solidão criativa 69
A solidão transforma ricos em miseráveis 70

7 | Ferramentas para proteger a emoção 73
   1. Doar-se diminuindo a expectativa do retorno 73
   2. A emoção não pode ter um cartão de crédito ilimitado 75
   3. O Eu tem de gerenciar a ansiedade para ser autor de sua história 77

8 | O ciúme e a Síndrome do Circuito Fechado
     da Memória 81
   A Síndrome do Circuito Fechado da Memória e
     os ataques de ciúme 84
   Exploração sexual 85
   A Síndrome do Circuito Fechado da Memória e os conflitos 87
   Paradoxos de um Eu imaturo 89

9 | Hábitos dos amantes saudáveis I:
     vacina contra o ciúme e os conflitos 91
   Primeiro hábito: ter um romance com sua história antes
     de ter com outra pessoa 93
   Segundo hábito: ser transparente na relação, jamais se omitir 94
   Terceiro hábito: expor suas ideias, nunca as impor 96

10 | Hábitos dos amantes saudáveis II:
      vacina contra o ciúme e os conflitos 99
   Quarto hábito: preocupar-se com o bem-estar de quem se ama 99
   Quinto hábito: não ser um carrasco de si mesmo – reciclar
     a culpa e a autocobrança 101
   Sexto hábito: usar o autodiálogo para reeditar os núcleos
     traumáticos e desarmar as armadilhas mentais 103

11 | Hábitos dos amantes saudáveis III:
      vacina contra o ciúme e os conflitos 107
   Sétimo hábito: promover um diálogo aberto e encantado 107
   Oitavo hábito: superar a necessidade neurótica de mudar o outro 112
   Diferenças entre o amor e o ciúme 115

Uma carta de amor para você 119

Referências bibliográficas 121

Prefácio

Relacionar-se com pessoas é a mais rica experiência para aliviar a angústia e a solidão, mas nada pode trazer tantas dores de cabeça. Socializar-se é o maior manancial para nutrir o sentido da vida, mas pode produzir estresse e decepções. Conviver com o parceiro, os filhos, os amigos é uma fonte insubstituível de sorrisos e alegrias, mas também pode ser uma fonte notável de esgotamento cerebral.

Conviva com milhares de animais e talvez você nunca seja magoado; conviva com um ser humano e, cedo ou tarde, você será frustrado e também o frustrará. Só existem almas gêmeas quando estas não moram debaixo do mesmo teto. Não se iluda: as pessoas só se entendem superbem quando não moram juntas, quando têm apenas encontros casuais!

Atritos, conflitos, dificuldades de relacionamento são comuns. O cardápio social tem muitos temperos, alguns intragáveis, como raiva, inveja, vingança, sabotagem e o famoso ciúme.

Todavia, melhores são as tormentas que surgem por amarmos alguém do que os abalos sísmicos que surgem do subsolo do isolamento. O isolamento intenso e dramático é frequentemente um sintoma da depressão. Melhores são os sabores azedos das relações sociais do que o sabor áspero da solidão. Eu amo a solidão criativa, a solidão que me interioriza, que permite que eu me reinvente, mas detesto a solidão absoluta. Os ermitãos, anacoretas, ascetas, eremitas ou monges podem se isolar fisicamente de tudo e de todos, mas odeiam a solidão plena. Se não há seres humanos concretos com quem conviver, eles os criam no palco de sua mente. Um paciente em surto psicótico cria seus fantasmas para se relacionar, ainda que eles o atormentem.

Todos os seres humanos, dos religiosos aos ateus, dos lúcidos aos "imaturos", dos tímidos aos sociáveis, têm fome e sede de se relacionar, mesmo quando se isolam. Todos são ficcionistas. Criam personagens nos sonhos, no estado de vigília. Nenhum diretor de Hollywood é tão criativo como os copilotos que estão em nosso inconsciente. Quem tem ciúme é um diretor muito criativo, um especialista em filmes de terror.

Ciúme faz parte do cardápio diário de milhões de pessoas de todas as classes sociais, culturas, religiões, raças, idades, e pode aparecer entre casais, irmãos, amigos, profissionais, adultos, crianças.

Minha ênfase nesta obra será no ciúme entre casais, o vilão dos romances, o terremoto das relações íntimas, embora muito do que comentarei aqui também descreva os tentáculos de outros tipos de ciúme. Quem diz que não tem uma das formas desse vírus na sua circulação mental ou não se conhece ou não sabe se entregar e partir em busca de suas conquistas. Vive, portanto, sequestrado dentro de si mesmo. E se vive num casulo é porque tem medo de se transformar. E se tem medo da transformação é porque tem medo de voar, e se tem medo de voar é porque tem medo de ser livre, e se tem medo de ser livre é porque não sabe lutar pelos seus sonhos. Preso em seu casulo, terá grandes chances de ter ataques de ciúme das pessoas que adquiriram asas. Bem-vindos ao complexo mundo da emoção.

1

Um fantasma antigo: uma breve história do ciúme

Um fantasma remoto

O ciúme é um fantasma emocional tão antigo quanto a própria existência humana. Os israelitas tiveram ataques de ciúme, os filisteus conheceram fortemente seu paladar, os babilônicos beberam fartamente de sua água, os egípcios deitaram em sua tumba. Em sua carta aos gregos da cidade de Corinto, o apóstolo Paulo disse que o verdadeiro amor não arde em ciúme, mas é regado a paciência, generosidade e tolerância.

Todos os povos, independentemente da cultura, foram viciados – uns mais, outros menos – em controlar seus pares e esperar retorno excessivo de seus íntimos. Cleópatra, a última rainha da dinastia Ptolomeu, que governou o Egito, era uma mulher fascinante, persuasiva e poderosa. Todos se curvavam diante de sua beleza, e, quando abria a boca, encantava a todos com sua inteligência. Antes de todos os movimentos de libertação da mulher, ela já era livre. Governava a mais charmosa e misteriosa das nações. Ao que tudo indica, falava seis línguas, conhecia filosofia e artes gregas, mas desconhecia as armadilhas da mente. Nada tirava seu ponto de equilíbrio, até que entrou num terreno que não dominava: o amor.

Se tivesse amado um dos seus milhares de súditos, ainda que um general, sua história talvez tivesse sido menos pantanosa, mas tornou-se amante de um homem poderoso, ambicioso e complicado: Júlio César, o grande líder do Império Romano. Mesmo pessoas seguras têm seus limites, e Cleópatra teve os dela. O ciúme que sentia de Júlio César a fez sonhar em dominar todo o Mediterrâneo. Planos ambiciosos tentam compensar as fendas da personalidade. Todavia, pessoas imbatíveis também se curvam à dor. Depois da morte de Júlio César, Cleópatra cativou Marco Antônio, outro líder romano, um dos três que governaram o império. Encontrou seu ponto nevrálgico mais sensível, mais dolorido. Amou sob o risco de perder.

A poderosa mulher, frágil como qualquer ser humano, insegura como qualquer caminhante, tinha de não se punir, se reinventar, mas não o fez. Gigantes enfrentam montanhas, mas tropeçam nas pequenas pedras da emoção.

❝ Amar não é crime, mas amar outra pessoa sem antes se amar é. ❞

Cleópatra tombou quando Marco Antônio foi derrotado. Suicidou-se com uma picada de serpente. Antes de desistir da vida, já não tinha um romance com sua própria história, se abandonou, vendeu sua liberdade em função de quem amava, um erro dramático.

Amar não é crime, mas amar outra pessoa sem antes se amar é. Ter um romance sem ter um caso de amor com sua saúde emocional é se violentar.

Ninguém deveria ter ciúme do outro. Só há um ciúme legítimo: o ciúme de nossa qualidade de vida. Sem ele, é impossível nos proteger. Não há super-heróis no planeta da emoção; somos nossos maiores protetores ou nossos maiores inimigos.

Um "vírus" muito comum: o ciúme na política

O ciúme não apenas infecta os amantes, ele contamina políticos, aprisiona intelectuais, encarcera empresários. Embora haja muitas exceções, há diversos intelectuais, orientadores de teses de mestrado e doutorado nas universidades das mais diversas nações que são vítimas do ciúme. Eles têm a necessidade neurótica de controlar os seus orientandos. Se estes não seguem sua orientação ou procuram aconselhamento de outros pensadores, esses intelectuais mostram suas garras. Para eles, as teses dos seus alunos têm de ser à sua imagem e semelhança. São gigantes intelectualmente, mas não têm proteção emocional. Preparam seus orientandos para uma banca, mas não os preparam para empreender, correr riscos, materializar seus sonhos, ser resilientes, se reinventar.

A cultura acadêmica não é uma vacina segura contra o ciúme. Educar a emoção o é. Equipar o Eu para ser gestor da mente humana, também. O ciúme é um vírus altamente penetrante, destrói tanto quanto outras viroses e está em todas as mentes e em todos os lugares, esperando para eclodir. Partidos políticos são tão envenenados pelo ciúme quanto os casais que têm disputas irracionais. Apesar das exceções, um partido morre de ciúme quando o adversário tem sucesso em seus programas. Não sabe aplaudi-lo. É comum querer sabotá-lo. Sob as chamas do ciúme, políticos consideram seus adversários não como opositores, mas como inimigos a serem abatidos. São meninos com o poder nas mãos.

O vírus do ciúme pode cegar prefeitos, entorpecer a emoção de deputados, asfixiar a mente de governadores, presidentes e primeiros-ministros. Infectados pela necessidade neurótica de poder, querem se perpetuar nele a qualquer preço, o que abre as portas para outro vírus se instalar: a corrupção. Pouco se importam com o futuro de sua sociedade, embora, nos discursos, se apresentem como os mais generosos dos líderes. Não sabem que ser um líder político é ser alguém que, antes de tudo, se curva ao povo e o serve.

Sociopatas têm ciúme

Sociopatas também mergulham na fonte do ciúme. Adolf Hitler era um homem rude, tosco, radical, controlador e emocionalmente doente, embora fosse um notável comunicador.

Solitário, vivia chafurdado na lama do individualismo em seu *bunker*, mas tinha ciúme de seu *status*, amava ser o centro do mundo. Tinha ciúme da sua cadela Blondi, que estava sempre a seu lado, mas nunca soube amar seres humanos. O solteiro líder nazista sabia conquistar as mulheres no primeiro *round*, beijando afetuosamente suas mãos. Porém, no segundo *round*, quando estreitava sua relação com elas, levava-as à loucura. Algumas se suicidaram.

Hitler era um político poderoso, mas, para a psiquiatria e a psicologia, era um menino despreparado para dirigir a própria mente, que dirá um partido ou uma nação. Porém, em tempos de crise socioeconômica, o povo sofre um rebaixamento de sua autocrítica, o que o leva a eleger sociopatas. Quando o ciúme do poder e o ciúme das pessoas andam juntos, todo um país, cidade ou empresa sofre.

Quem tem ciúme do poder terá uma relação desastrosa com as pessoas, e, ao mesmo tempo, quem tem ciúme das pessoas terá uma relação traumática com o poder, salivará por ele, será drogado por ele, assombrado por duas necessidades neuróticas: de ser o centro das atenções e de controlar os outros.

O fantasma da perda impede os seres humanos de ser autônomos, de ser livres e de ajudar os outros a ser livres. O ciúme do cargo transforma uma nação ou um mandato político em uma posse, o ciúme das pessoas transforma-as em propriedade. Só é digno do poder quem é desprendido dele, só é digno do amor quem não é dependente do outro. O ciúme é a melhor forma de perder a autonomia e asfixiar o amor.

O ciúme na era digital: a epidemia

E atualmente, o ciúme está em decadência? Não! Está em plena ascensão! Mas não estamos na democracia, na era da liberdade? Sim. Estamos na era da liberdade exterior, mas nunca produzimos tantos escravos no território da emoção. Nos mais de 20 mil atendimentos psiquiátricos e psicoterapêuticos que fiz, fiquei surpreso em ver que não apenas adultos têm ataques de ciúme, os adolescentes também são vítimas deles. Hoje vivemos a era das redes sociais, em que as relações parecem fáceis, mas, na verdade, são frágeis. O fantasma do ciúme ganhou musculatura na modernidade, e jovens que deveriam ser livres são controlados pela necessidade neurótica de controlar seu parceiro. Vamos estudar o processo à luz do funcionamento da mente para que este livro não seja encarado como autoajuda, algo que ele não é, mas como divulgação científica de ferramentas poderosas.

Antigamente, um namorado entrava em contato com a namorada uma vez por semana, em média, a não ser que morassem próximos. Até a segunda metade do século XX, a comunicação era difícil, feita por carta ou por meio de transporte por tração animal, como a carruagem. Os infrequentes encontros faziam com que o fenômeno da psicoadaptação, que é um dos mais incríveis fenômenos inconscientes da mente humana, expresso pela perda do prazer frente à exposição constante ao mesmo estímulo, fosse preservado. Como raramente o casal se via, a saudade era grande, a necessidade de estar junto era bombástica, os encontros eram mágicos. Cada toque, cada carícia, cada jura de amor dita ao pé do ouvido dos amantes produziam experiências emocionais fortíssimas que acionavam o fenômeno RAM (Registro Automático da Memória), instrumento inconsciente que arquiva as experiências no córtex cerebral. Encontros borbulhantes formavam janelas poderosas, que chamo de light duplo P (que têm o poder de libertar o amor e retroalimentá-lo).[1]

O fenômeno da psicoadaptação bombeava o fenômeno RAM com fascinantes emoções que irrigavam profundamente o amor. Um beijo levava os amantes às nuvens. Os homens e as mulheres do passado amavam com uma intensidade muito maior do que os seres humanos do presente.

Com muita humildade, não tenho receio de dizer, como autor de uma das raras teorias sobre o funcionamento da mente e do primeiro programa da atualidade sobre gestão da emoção, que o excesso de exposição a estímulos que vivemos hoje nos fez perder parte do encanto.

Os amantes do passado tinham possibilidade de amar mais intensamente, ainda que em muitos casos houvesse a loucura do ciúme fatal e a estupidez do machismo. Amantes mal resolvidos emocionalmente, sob o lençol de um sistema social doentio, tornavam-se dramaticamente controladores e intensamente escravizadores.

Com o passar do tempo, a comunicabilidade foi se aperfeiçoando: os correios se tornaram mais eficientes, e os

---

[1]. Para entender melhor os conceitos apresentados neste livro, veja CURY, Augusto. *Ansiedade*: como enfrentar o mal do século. São Paulo: Saraiva, 2013.

> As redes sociais são úteis, mas sufocaram a explosão emocional dos amantes e geraram efeitos colaterais surpreendentes, entre eles o vampiro do ciúme, que ganhou novas presas, sangrando os amantes que controlam os passos um do outro.

veículos motorizados e o telefone encurtaram as distâncias. O contato passou a poder ser feito uma, duas ou mais vezes por semana. Mais janelas light eram formadas no córtex cerebral. Todavia, a exposição maior à presença do parceiro fez com que o fenômeno da psicoadaptação diminuísse os níveis de intensidade emocional dos encontros, o que dificultava a formação de janelas light duplo P. Os níveis de amor sofreram leves quedas, os encontros passaram a ser menos bombásticos. A saudade já não era tão perturbadora.

E por fim vieram a revolução da internet, os e-mails e as redes sociais. A comunicação não apenas se tornou diária como passou a acontecer de hora em hora e, em alguns casos, de minuto em minuto. A consequência não podia ser mais grave. A frequente exposição ao mesmo estímulo, no caso, a presença do outro, ainda que virtual, esmagou o fenômeno da psicoadaptação. Perdeu-se a intensidade do prazer. Não há mais prelúdios, tudo ficou comum. Os encontros deixaram de ser mágicos e as carícias, encantadoras, o prazer se contraiu, inclusive o prazer sexual, os jovens passaram a tomar Viagra e outros medicamentos para disfunção erétil.

As redes sociais são úteis, mas sufocaram a explosão emocional dos amantes e geraram efeitos colaterais surpreendentes, entre eles o vampiro do ciúme, que ganhou novas presas, sangrando os amantes que controlam os passos um do outro: "Onde você está?", "O que está fazendo?". Ataques de frustração surgiram: "Por que você não curtiu minhas mensagens?". Com isso, o fantasma do ciúme, que muitos achavam que desapareceria na era da comunicação digital, na era da democracia, voltou com força total. Tente controlar quem você ama, e os dois adoecerão. O amor nasce e se desenvolve no terreno da liberdade.

O relacionamento superficial no Facebook, no Instagram e em outras redes sociais não prepara as defesas emocionais para o relacionamento mais profundo, regado a cumplicidade e troca. Quando duas pessoas acostumadas a esse tipo de relacionamento superficial começam a se relacionar com maior densidade, elas têm mais chances de perder o solo para caminhar, pois são menos capazes de compartilhar lágrimas e conflitos, de respeitar limites, de promover os sonhos e a liberdade do seu parceiro. Fragilizadas com essa nova experiência, vivem sob ataques do medo da perda, que afiam as garras do ciúme. Nenhuma pessoa ciumenta é livre. Ela pode ser maravilhosa, culta, inteligente, mas não é livre.

O *Homo sapiens* tornou-se um *Homo digitalis* emocionalmente frágil e dependente, cuja autonomia afetiva é sequestrada. Ele parece livre, mas não sabe que o amor nasce no terreno da confiabilidade, que controlar o outro é uma forma atroz de torná-lo sua posse, e não seu parceiro. Nunca nas sociedades livres houve tantos prisioneiros no único lugar que jamais deveríamos ser algemados. O ciúme é como algemas invisíveis.

2

Educar a emoção é vital para prevenir o ciúme

Uma educação que forma mentes despreparadas para amar

Em todas as épocas, as sociedades tiveram seus avanços culturais, políticos e tecnológicos, mas em todas faltaram generosas doses de educação da emoção. A educação mundial é superficial, cartesiana, lógico-linear, mesmo considerando as mais notáveis universidades. Ela nos remete para fora, mas não nos faz mergulhar nas entranhas do funcionamento da mente.

Enquanto escrevia este livro, dei uma conferência sobre esse assunto. Disse para a plateia de empresários que me ouvia que se o Eu, que representa a capacidade de escolha, não aprender a impugnar, confrontar ou debater os pensamentos perturbadores e as emoções angustiantes no exato momento em que são construídos nos bastidores de nossa mente, esses pensamentos serão arquivados como janelas killer ou traumáticas pelo fenômeno RAM e não poderão ser mais deletados.

É muito fácil acumular lixo em nosso córtex cerebral. E não sabíamos disso, pois essas áreas não eram estudadas. Quem tem um Eu que se comporta como um espectador passivo do filme de sua mente comete um crime contra sua saúde emocional. Todas as escolas do mundo deveriam preparar seus alunos a ter um Eu bem formado, bem resolvido, que protege a emoção, que filtra estímulos estressantes, que gerencia a ansiedade, que se coloca no lugar dos outros, que ousa, que se reinventa. Mas onde estão essas escolas?

Elas já existem. Felizmente, mais de duas centenas de milhares de alunos já estão aprendendo essas ferramentas com o programa Escola da Inteligência.[2] A educação tem esperança, mas precisa mudar seus paradigmas.

Sem formar o Eu para ser líder de si mesmo, o ser humano não se prepara para navegar nas águas da gestão da emoção, desenvolver as habilidades socioemocionais e sobreviver às armadilhas da mente. Quatro pontos que precisam ser trabalhados para ter uma boa gestão da emoção:

1. Desenvolver o pensamento lógico x domesticar os fantasmas mentais

As escolas estimulam a arte da dúvida e da crítica para elaborar o raciocínio lógico, mas não ensinam minimamente os alunos a duvidar de falsas crenças e criticar crenças limitantes, como "tenho baixa autoestima e não

---

2. Para mais informações, acesse: www.escoladainteligencia.com.br.

consigo me superar", "não tenho capacidade para me reinventar", "nasci tímido e vou morrer assim". A consequência? Eles serão asfixiados por seus fantasmas mentais. O ciúme, as fobias, as obsessões, o sofrimento pelo futuro, a ruminação de perdas e frustrações, as autocobranças se perpetuarão.

Ninguém quer viver cercado de lixo, mas quem não duvida de tudo aquilo que o controla e não critica suas mazelas frequentemente envia seu Eu para a lata de lixo da sua história, o que fará com que seja sangrado por seus vampiros emocionais até o último suspiro de vida.

2. Competências técnicas × competências socioemocionais

Podem-se ensinar competências técnicas, como pensar estrategicamente, programar computadores, fazer *business plan* e planilhas, mas se os jovens não aprenderem a pensar antes de reagir, se colocar no lugar dos outros, ousar depois das crises, andar por ares nunca antes respirados, trabalhar perdas e frustrações, encantar pessoas difíceis, enfim, se não desenvolverem habilidades socioemocionais, a chance de adoecerem emocionalmente e terem relações infelizes é enorme. As relações entre pais-filhos, professores-alunos, executivos-colaboradores e casais têm chance de começar no céu do afeto e terminar no inferno dos atritos.

Todos tomam água filtrada, tratada ou mineral, mas a educação cartesiana não ensina o Eu dos alunos –

inclusive de mestrado e doutorado – a filtrar os estímulos estressantes. A dor o constrói, gera janelas light ou saudáveis, ou o destrói, gera janelas killer ou traumáticas? Sem saber proteger a emoção, a dor nos destruirá, seja qual for. Saber o que fazer com fracassos, crises, vexames, conflitos, medo da perda é algo muito mais poderoso para formar um líder do que deixá-lo lidar apenas com os sucessos.

3. Gerir empresas × gerir a mente

Pode-se aprender a operar aeronaves e empresas, mas, se o indivíduo não aprender a gerir a empresa "mente", não saberá gerenciar a ansiedade, não controlará o estresse, enfim, não conseguirá operar com maturidade o veículo da emoção. Nesse caso, é quase impossível não perder o autocontrole com frequência. É quase inviável superar a necessidade neurótica de controlar os outros ou de se esconder quando pressionado.

> "Quem não sabe dividir suas lágrimas e suas perdas não irrigará o amor inteligente. O ciúme é egoísta, não sabe dividir; o amor inteligente compartilha, vive a matemática da emoção. O ciúme é egocêntrico, quer que o outro viva na sua órbita; o amor inteligente aplaude as próprias órbitas."

Pessoas que não aprenderem a gerir sua mente falirão o cérebro, pensarão aceleradamente, esgotarão suas energias com facilidade. Terão, como consequência, dores de cabeça e musculares, acordarão fatigadas, ficarão impacientes, não tolerarão conviver com pessoas lentas. Desejarão que seu parceiro tenha o mesmo ritmo frenético e ansioso de viver, o que fará com que um anule ou sabote o outro. Tornar-se-ão frustrados como profissionais e amantes.

4. Matemática numérica x matemática da emoção

Podem-se aprender os segredos da matemática numérica, por exemplo, que dividir significa, invariavelmente, diminuir, mas, se as pessoas não aprenderem os segredos da matemática da emoção, na qual dividir é aumentar, não conseguirão prevenir o ciúme. Quem não sabe dividir suas lágrimas e suas perdas não irrigará o amor inteligente. O ciúme é egoísta, não sabe dividir; o amor inteligente compartilha, vive a matemática da emoção. O ciúme é egocêntrico, quer que o outro viva na sua órbita; o amor inteligente aplaude as próprias órbitas.

Quem não aprender as regras ilógicas da matemática da emoção não saberá trabalhar em equipe, não reconhecerá nem promoverá as conquistas dos colegas, evitará se relacionar com quem sobressair. O ciúme profissional é terrível. Quem tem necessidade de excesso de atenção é profundamente carente, raramente se alegra com o sucesso dos outros.

A tese bela e ingênua de Vinicius de Moraes

Todos esses exemplos revelam que faltou equipar o Eu como gestor da mente humana, aprender a arte do desprendimento, de desarmar-se, de romper o cárcere das armadilhas mentais para saber que ninguém é de ninguém. Infelizmente, os grandes pensadores da humanidade não tiveram a oportunidade de estudar essa área. Freud, Piaget, Skinner, Kant, Sartre, Agostinho e milhares de outros pensadores notáveis não entenderam que sem gestão da emoção o céu e o inferno emocional estão muito próximos. Não se adoece apenas por ter tido traumas e privações na infância, como, ingenuamente, sempre se acreditou, mas também se o Eu não aprende seu papel vital como gestor do veículo mental.

> Não basta amar com a emoção. Para ser sustentável, uma relação precisa ter um amor inteligente [...]. Quem amar apenas com emoção terá um amor circunstancial, intolerante às frustrações, rapidamente esgotável. É necessário amar com doses de inteligência.

Não basta amar com a emoção. Para ser sustentável, uma relação precisa ter um amor inteligente. Se amarmos apenas com emoção, viveremos a tese de Vinicius de Moraes: "Que não seja imortal, posto que é chama, mas que seja infinito enquanto dure". Uma tese bela, mas que traz uma proposta emocional ingênua. Não há dúvida de que o amor humano é finito e regado a condições. Quem amar apenas com emoção terá um amor circunstancial, intolerante às frustrações, rapidamente esgotável. É necessário amar com doses de inteligência.

No começo da relação, quando as labaredas do amor/emoção estão em alta, enfrentam-se com maior disposição as tempestades emocionais, as crises sociais, as dificuldades financeiras e até um possível mau humor da sogra ou do sogro. Todavia, quando as chamas diminuem, os atritos gritam mais alto, as acusações alçam voo, as críticas se sobressaem à tolerância, formando janelas traumáticas que pouco a pouco asfixiam o amor/emoção. Já quando se ama com doses generosas de inteligência, que é a proposta da gestão da emoção, o paradigma muda: que o amor seja infinito enquanto se cultive.

Cultivar o amor é plantar janelas light em quem se ama. É provocar o fenômeno RAM para construir um jardim na memória das pessoas com quem convivemos. Como? Elogiando mais e criticando menos, abraçando mais e cobrando menos, encantando mais e sendo menos entediante. É perguntar: "Onde errei e não percebi?", "O que posso fazer para irrigar seus sonhos?", "Como posso te fazer mais feliz?".

> Uma pessoa ciumenta pode ser agradável, mas raramente será admirável. [...] Parceiros agradáveis podem se dar muito bem na cama, mas ter uma convivência difícil, sem conseguir respeitar a opinião do outro, divergir de forma inteligente e contribuir mutuamente.

Nenhum romance se inicia se os parceiros não forem minimamente agradáveis um para o outro, mas o amor inteligente precisa de mais agradabilidade, de mais admiração. Sem admiração, o amor não é sustentável. Uma pessoa agradável pode ter dificuldade de reconhecer seus erros quando questionada, mas uma pessoa admirável supera a necessidade neurótica de estar sempre certa. Uma pessoa agradável pode reagir pelo fenômeno ação-reação, ter baixo limiar para tolerar frustrações, enquanto uma pessoa admirável é paciente, doa-se mais e diminui

> Pessoas agradáveis vivem o amor enquanto ele dura, ao passo que pessoas admiráveis colocam combustível nas delicadas chamas do amor.

a expectativa de retorno, tem paixão pela tolerância. Admiração se adquire quando se dá um ombro para chorar e o outro para apoiar.

Uma pessoa ciumenta pode ser agradável, mas raramente será admirável, pois não desenvolveu habilidades para ser gestora da própria emoção. Parceiros agradáveis podem se dar muito bem na cama, mas ter uma convivência difícil, sem conseguir respeitar a opinião do outro, divergir de forma inteligente e contribuir mutuamente. Querem ganhar a disputa, e não conquistar um ao outro. Na ausência de focos de tensão, vivem no céu do afeto, mas quando são contrariados fecham o circuito da memória, não raciocinam, vivem num inferno emocional.

Não há nenhuma garantia de que romances que começam bem vão terminar bem, que relações saturadas de beijos e carícias não vão terminar em tapas emocionais. Sem admiração, com o tempo, os parceiros se tornam chatos, críticos, pressionadores e acusadores. São incapazes de dar risada da própria estupidez, levam a vida a ferro e fogo, não brincam, não relaxam. Sem admiração, o romance é desinteligente, carregado de emoção, mas vazio de sabedoria.

Pessoas agradáveis vivem o amor enquanto ele dura, ao passo que pessoas admiráveis colocam combustível nas delicadas chamas do amor.

3

O ciúme doentio: *stalker* – o perseguidor

Ciúme: uma palavra pequena, um vírus poderoso

Ciúme é uma palavra pequena, mas seu poder é viral. Seu significado psiquiátrico e psicológico é gigantesco, e suas consequências sociológicas podem ser letais. Claro, há um ciúme aceitável, suportável, inofensivo, mas nenhum ciúme é saudável, principalmente se implica controlar o outro. Querer a presença do outro é saudável, mas exigi-la é nocivo; procurar fazer coisas juntos tempera a relação, mas não se alegrar sem a presença do outro é doentio. Amar a presença do parceiro é riquíssimo, mas reclamar atenção exclusiva é aprisionador. O ciúme aceitável não arde em cobranças, já o ciúme fatal asfixia quem ama, pune quem falha. O ciúme aceitável é tolerante, permite que se dê risada de seus exageros; o ciúme doentio leva a vida a ferro e fogo, é radical. O ciúme aceitável é brando como a

> Querer a presença do outro é saudável, mas exigi-la é nocivo; procurar fazer coisas juntos tempera a relação, mas não se alegrar sem a presença do outro é doentio. Amar a presença do parceiro é riquíssimo, mas reclamar atenção exclusiva é aprisionador.

névoa; o ciúme doentio é pesado como as tempestades. O ciúme aceitável não bloqueia os sonhos; o ciúme fatal tem medo de o outro crescer.

Diferentemente do ciúme, o amor saudável pede atenção, mas não controla; solicita carinho, mas não sufoca; dá mil abraços, mas não prende; torce para ser notado, mas o faz no silêncio, não cobrando.

Stalking: o ciúme fatal

S. J. era um jovem advogado de 28 anos e sua namorada, uma enfermeira dois anos mais nova. Eram um belo casal por fora, mas doente por dentro. Vítima de complexo de inferioridade, S. J. não aceitava que sua namorada fosse um ser humano livre, sociável, amigável. Em vez de apoiá-la, S. J. começou a ser assombrado pelo fantasma da perda. Cobrava atenção, exigia elogios, pressionava para receber dedicação absoluta. Não queria ser seu amante, e sim seu deus. Ligava cinco vezes por dia para saber onde a namorada estava e o que fazia. Não era protetor, era um carrasco emocional.

> Diferentemente do ciúme, o amor saudável pede atenção, mas não controla; solicita carinho, mas não sufoca; dá mil abraços, mas não prende; torce para ser notado, mas o faz no silêncio, não cobrando.

Ela se submeteu a esse regime controlador. Pensava que ele agia assim por amá-la muito. Mas, com o tempo, a relação foi ficando insuportável. Se ela não lhe dava a atenção esperada, o mundo dele desabava. Angustiada, ela perdeu o encanto. Asfixiada, sem prazer de viver, queria voltar a ser uma mulher livre, respeitada. Resolveu romper as algemas da escravidão.

Pensou que estava livre dele, mas, como milhares de mulheres, passou a viver um fenômeno socioemocional cruel muito comum e pouco divulgado, o *stalking*: uma perseguição implacável de forma insistente e obsessiva. S. J. passou a ligar insistentemente, vigiar seus passos, pressioná-la a voltar. Ele também usava a internet – e-mails e redes sociais – para monitorá-la, o que caracteriza *cyberstalking*. A vida da jovem enfermeira virou um inferno.

Nos Estados Unidos, mais de 500 mil pessoas por ano sofrem nas garras dos *stalkers*, como são chamados os perseguidores. Terminada a relação, eles não suportam a separação e, como um rei que foi destronado, querem retomar o trono, fazer da "ex" sua súdita. Ligam mil vezes, observam seu comportamento, querem controlar suas relações, suas amizades, respirar seu ar.

Durante o namoro, a enfermeira submeteu-se ao controle cruel do namorado, contribuindo para que ele se transformasse em um *stalker*. Ele queria ser o maior amante do mundo, mas acabou se tornando um algoz. Dizia que se preocupava com ela, mas a policiava dia e noite. Fez com que os dois adoecessem. Era um homem infeliz tornando infeliz uma mulher. Vivia um caso psiquiátrico e jurídico, pois estava cometendo um crime. Ela não o enxergava mais como seu ex-namorado, mas como um carrasco.

Felizmente, antes de o caso se avolumar, ele, como advogado que era, parou para refletir sobre seu comportamento. Deprimido e sentindo-se o último dos seres humanos, procurou ajuda. No consultório, teve de aprender a mergulhar sem medo dentro de si. "Comprou" coragem para mapear seus fantasmas mentais. Teve de encarar suas loucuras, enfrentar os vampiros que o sangravam e esgotavam o planeta emoção, tanto dele quanto dela. Percebeu que o que sentia não era saudável, e sim uma dependência doentia. Entendeu que não a amava, apenas queria controlá-la.

Pouco a pouco, tornou-se diretor do *script* da sua própria história. Mas isso só ocorreu quando entendeu e aplicou algumas das mais importantes ferramentas de gestão da emoção, ferramentas que poderiam fazer com que a famosa e tão pouco compreendida "felicidade" saísse das páginas dos dicionários e entrasse nas páginas da personalidade:

1. Ninguém deve se relacionar com outra pessoa para ser feliz, mas para ser *mais* feliz

Uma pessoa mal resolvida não resolverá sua infelicidade relacionando-se com outra pessoa. Tem de se resolver para ser completa e completar quem ama. Depositar a esperança de ser feliz exclusivamente no outro é acreditar num delírio.

Há milhões de pessoas que dizem: "No dia em que encontrar alguém que me ame eu serei feliz". Ledo engano. Quem não aprender a namorar sua própria vida, a relaxar, se cobrar menos, sonhar, ser eternamente jovem e fazer da vida um show, não terá um namoro ou um casamento espetacular. Poderá transformá-lo num deserto, ainda que nos primeiros meses viva num oásis.

Claro, os parceiros devem se ajudar mutuamente, encorajar um ao outro, dar apoio, suporte, um ombro para chorar, mas não devem ser psiquiatras ou psicólogos 24 horas por dia. Não há bombeiro emocional que suporte apagar o fogo de seu parceiro todos os dias. Quem tem problemas emocionais deve ser humilde, honesto consigo mesmo e procurar ajuda; deve aliviar quem ama, não sobrecarregá-lo.

> Quem tem problemas emocionais deve ser humilde, honesto consigo mesmo e procurar ajuda; deve aliviar quem ama, não sobrecarregá-lo.

2. Se não me quer, tem quem me queira

Não pense que o ciúme é um fenômeno intelecto-emocional simples; ele é de indescritível complexidade. Quem tem ciúme intenso funde mundos, o seu e o de quem ama: "Eu sou o outro; perdê-lo é me perder, dividi-lo é me fragmentar". Uma tese socioemocional sofisticadíssima, porém doentia.

O ciúme é tão complexo quanto ilógico. Os computadores jamais o experimentarão. Pobres máquinas, mesmo que tenham inteligência artificial, que se confunde com a humana, ainda que aparentemente decidam ou se autocorrijam, jamais terão consciência existencial, jamais terão emoção e sentirão a dor da perda. Embora tenha um lado angustiante, a dor representa uma sofisticação das construções intelectuais e emocionais que a inteligência artificial jamais conquistará.

Você pode ser abandonado, mas jamais deve se abandonar; pode ser rejeitado, mas jamais deve se excluir; pode ser colocado no rodapé da história de alguém, mas não deve deixar de se colocar no centro da sua própria história. Para isso, deveria viver a tese que Nátila viveu quando Petrus Logus[3] a rejeitou: se não me quer, tem quem me queira... eu me quero! Se não me ama, tem quem me ama, eu namorarei a minha vida! Você me soma, mas não me substitui, pois se me substituir estarei morta, mesmo estando viva.

Reitero que todas as mulheres sejam emocionalmente saudáveis como Nátila: ela entendeu que o verdadeiro

---

[3]. Referência à personagem da série Petrus Logus, de Augusto Cury.

amor não anula o outro, mas o promove, e que a dependência doentia é um suicídio emocional.

O amor sustentável requer autonomia. Depender do humor, da atenção, do ânimo, do retorno do outro para ser feliz é construir uma relação catastrófica. O amor inteligente é dificílimo de ser explicado, pois é fundamentado numa "independência agradavelmente dependente, numa cumplicidade que completa o casal".

Esta deveria ser a carta de amor daqueles que vivem um amor inteligente: "Eu posso viver sem você, mas sem sua presença meu céu tem poucas estrelas. Eu posso cultivar flores sem você, mas sem sua presença meu jardim é menos perfumado. Sem você sou apenas um instrumento solitário, mas com você formo uma pequena orquestra, meu sentido de vida ganha estatura, minha história ganha profundidade. Com você, minhas lágrimas são aliviadas, meus sonhos alçam voos. Obrigado por existir e me complementar".

3. O amor doa-se muito e cobra pouco

Nada é tão belo quanto doar-se sem cobrar, beijar sem fazer exigências, estender as mãos sem apertar a do outro

> Quem sabe da sua grandeza não tem medo de deixar o outro partir. A melhor maneira de fazer o parceiro ficar é deixar a porta aberta para ele ir. As raízes da emoção se aprofundam e agradecem. O amor ganha estatura.

de forma mordaz. Nada produz mais segurança na relação do que ter autoconfiança em seus próprios valores. Quem sabe da sua grandeza não tem medo de deixar o outro partir. A melhor maneira de fazer o parceiro ficar é deixar a porta aberta para ele ir. As raízes da emoção se aprofundam e agradecem. O amor ganha estatura.

O ciúme doentio arde em cobranças, não suporta ser contrariado, não admite frustrações. O ciúme doentio não sabe pedir, é especialista em exigir e pressionar. O ciúme doentio consome o oxigênio de quem o tem e o da pessoa com quem se relaciona. O ciúme doentio é um torrador de energia emocional, um especialista em esgotar o seu cérebro e o do outro. O ciúme doentio crê tolamente que o controle traz segurança, que as exigências fortalecem os laços, que querer estar junto a cada momento eterniza a relação.

Armadilhas mentais

Os conflitos entre casais são tão comuns e graves que é importante lembrar que, pelo ângulo da gestão da emoção, uma das chaves mais importantes para ter relações inteligentes é se doar sem cobrar nada em troca. Por outro lado, uma das armadilhas mais envolventes é se entregar esperando excessivamente o retorno. Jamais devemos nos esquecer de que o ciúme destrói primeiro seu hospedeiro, para depois destruir o outro. Não é possível ser emocionalmente saudável sob o controle do ciúme. Não é possível ser mentalmente livre e feliz sob o cárcere das cobranças. Quem cobra demais está apto a trabalhar numa financeira, mas não a ter uma bela história de amor.

4

Casais que se digladiam: o coliseu emocional

O ciúme nas relações conjugais: construindo coliseus

Muitos seres humanos gostam de digladiar, são especialistas em criticar, mostrar as incoerências, as ineficiências e a lentidão dos outros, seja seu parceiro, filho ou colaborador. Não são apenas as drogas que viciam; apontar falhas e causar atritos, também. Sua casa e seu trabalho não são um jardim, mas um coliseu onde as pessoas estão sempre digladiando.

Você constrói coliseus em sua casa e em seu trabalho ou é um especialista em abraçar e desarmar as pessoas? Procura primeiramente conquistar o território da emoção para só depois adentrar no da razão ou é um trator que passa por cima das dificuldades dos outros? Infelizmente, muitos casais, pais, professores, executivos, cometem erros mais graves ao corrigir quem erra do que o erro original em si. São promotores de conflitos, e não solucionadores pacíficos de problemas.

Quem conquista o território da emoção, quem é generoso e paciente aciona o fenômeno RAM para desenhar nos solos da memória uma imagem solene. Pode ser pequeno e humilde por fora, mas será gigantesco por dentro. Será amado e ouvido, suas palavras poderão ser brandas e mesmo assim causarão impacto, pois construiu janelas light que as ecoam.

Por outro lado, se você precisa elevar o tom de voz para ser ouvido ou pressionar as pessoas para ser respeitado, tenha certeza de que você poderá ser grande fora, mas será pequeno dentro de quem ama. Poderá ter sucesso exterior, porém fracassará no único lugar onde todos deveríamos ter sempre sucesso.

O ciúme brando e o ciúme doentio

O ser humano não é apenas cartesiano, lógico ou racional, é também marcadamente emocional. O planeta emoção nos torna extremamente complexos, com necessidades especiais, ilógicas, incompreensíveis e, por vezes, incontroláveis. Quem ama tem um polo de atração, rompe barreiras, aproxima as distâncias. O amor implica o desejo de aproximação, e, se o desejo não for correspondido, há desconforto pela ausência de quem se ama. Expectativas não correspondidas geram saudade, pensamentos estratégicos para aproximar e conquistar ou formas cruéis de ciúme.

Quem ama tem ciúme? Se considerarmos o ciúme como a busca de aproximação, sim! Mas o ciúme como medo da perda, necessidade de controle, cobranças e atenção exagerada é um desvio doentio dessa necessidade de aproximação. Existe, porém, o ciúme brando, autocontrolado, inofensivo, que faz oposição à indiferença. Muitas vezes, quem é indiferente não ama nem a si mesmo. Todavia, há o ciúme cruel, controlador, asfixiador e egocêntrico.

Causas do ciúme doentio e egoísta

Sob o ângulo da gestão da emoção e do funcionamento da mente, as causas do ciúme doentio e egoísta são complexas, embora muito mais comuns do que se imagina:

1. O ciúme é uma ineficiência do Eu como gestor da mente humana

O ciúme doentio é um defeito da formação da personalidade, em destaque do Eu como gestor da mente humana. O Eu representa a capacidade de escolha, mas, nas crises de ciúme, faz péssimas escolhas. O Eu representa a identidade, mas, nas crises de ciúme, perde sua autocrítica. O Eu representa a capacidade de autonomia, mas, nos ataques de ciúme, perde a liberdade de dirigir o próprio *script*, é dirigido por seus fantasmas mentais, escolhe ser um escravo do outro, vende sua paz e sua saúde emocional por um preço irrisório.

Uma pessoa ciumenta pode pilotar aeronaves, carros, empresas, mas não consegue pilotar sua mente nos focos de tensão. Não lidera a si mesma, um veículo em alta velocidade que, desgovernado, é facilmente passível de acidentes.

Não é sem razão que pessoas que têm crises de ciúme fazem escândalo, ainda que sejam intelectuais: exageram, se humilham, humilham o outro, pressionam, suplicam atenção.

Quem se sente ameaçado, fragilizado, vive em função do medo de perder. E o medo de perder gera a necessidade de controlar quem ama, seja o namorado, o marido, a esposa e até os filhos e os amigos. O medo de perder leva o fenômeno RAM a gerar janelas killer ou traumáticas, que aumentam ainda mais os níveis de insegurança de quem tem crises de ciúme. Quem tem ciúme perde o outro com mais facilidade, mas o pior de tudo é que perde a si mesmo, em destaque, a sua segurança e a sua dignidade.

2. O ciúme é uma agiotagem neurótica da emoção

O ciúme é a mais atroz agiotagem da emoção. O termo agiota é muito conhecido no mundo capitalista; o agiota empresta seu dinheiro, parece tão disposto e gentil na hora de fazê-lo, mas os juros que cobra são exorbitantes. Em alguns casos, impagáveis. Uma pessoa ciumenta pode ser comparada a um agiota, só que, nesse caso, da emoção. Empresta seu tempo, depois cobra caro de quem ama. Dá seu carinho, mas suga o outro, cobra um carinho dez vezes maior do que aquele que "emprestou". Dá sua atenção, mas depois exige atenção exclusiva.

É claro que quando nos doamos esperamos retorno, porém ele deve ser espontâneo. Um parceiro deveria elogiar, inspirar e encantar sua parceira, observar o que ela

> Uma pessoa ciumenta pode ser comparada a um agiota, só que, nesse caso, da emoção. Empresta seu tempo, depois cobra caro de quem ama. Dá seu carinho, mas suga o outro, cobra um carinho dez vezes maior do que aquele que "emprestou". Dá sua atenção, mas depois exige atenção exclusiva.

gosta; se isso é feito com maturidade, o retorno ocorrerá sem pressão, e vice-versa. Uma parceira que é gentil, preocupada em irrigar o amor do seu parceiro, deveria receber de volta o afeto e a dedicação dele. Porém, essa contrapartida não deve ser exigida. Quanto mais se pressiona, mais o outro se afasta, pois a relação deixa de ser regada a prazer e passa a ser dirigida pelo estresse.

O mesmo ocorre quando os pais estão perdendo seus filhos para as drogas ou para o álcool. O medo da perda acelera a perda. Ao ver que os filhos recaem, os pais partem para um ataque maior. Ao sentir que eles mentem, os metralham com críticas. Ao notar que não cumprem a palavra, querem "operar o cérebro" deles dizendo palavras agressivas: "Você é um irresponsável! Só me decepciona!". Há pais academicamente cultos, mas incultos na gestão da emoção; ficam tão descontrolados em momentos de estresse que proferem para seus filhos declarações inimagináveis, como "você é um

> "A emoção de um ser humano ciumento flutua intensa e descontroladamente: quando acorda, ele pode estar na primavera emocional, ser gentil, delicado, atencioso e, à noite, no inverno emocional, desferir críticas, acusações e cobranças."

bandido!'". Vão até as últimas consequências para tentar ajudá-los, mas só pioram as coisas. Os filhos são dependentes de drogas e os pais, dependentes das críticas. Ambos ficam viciados.[4]

A emoção de um ser humano ciumento flutua intensa e descontroladamente: quando acorda, ele pode estar na primavera emocional, ser gentil, delicado, atencioso e, à noite, no inverno emocional, desferir críticas, acusações e cobranças.

Uma pessoa ciumenta deveria ter doses generosas de inteligência, não de irracionalidade. Percebendo que a pressão não funciona, deveria mudar a estratégia, retirar de cena as leis da cobrança, falar menos e encantar mais. Mas infelizmente ocorre o contrário. Quando as cobranças

---

4. O Dr. Cury criou o Hotel Gestão da Emoção, uma comunidade terapêutica que usa sua metodologia para ajudar no processo de tratamento da dependência de drogas, álcool e demais transtornos emocionais. Veja mais informações na página 127.

não funcionam, o tom de voz se eleva; quando não é ouvido, mais usa a metralhadora das críticas. Se não aprendermos a cativar o outro, surpreendê-lo, motivá-lo, acabaremos por feri-lo muito sem extrair uma gota de sangue.

No solo das cobranças, o amor se asfixia; nas arenas da crítica, o amor se desconstrói; onde há pressão excessiva de retorno, o amor se apequena. O amor nasce no solo da liberdade e cresce no terreno da confiança.

3. O ciúme é uma carência afetiva: uma necessidade neurótica de atenção

Ao longo da formação de nossa personalidade, construímos núcleos traumáticos no córtex cerebral, representados por um conjunto de milhares de janelas ou arquivos doentios que promovem as mais diversas características. O *bullying* na escola, as perdas e as privações na infância são promotores desses núcleos. Uma educação que não cuida da educação socioemocional também os gera. Pais e professores que comparam seus filhos e alunos uns com os outros, são intolerantes a frustrações, especialistas em criticar e dar broncas, que não sabem elogiar a cada acerto podem contribuir, sem saber, para a formação da timidez, da insegurança, da baixa autoestima, do complexo de inferioridade.

Toda pessoa ciumenta tem núcleos traumáticos em sua história. É emocionalmente carente, tem um "buraco negro", semelhante aos existentes no universo, não convive harmonicamente nas relações interpessoais, suga tudo ao

> Uma pessoa ciumenta, ainda que seja culta e eloquente, não gosta de si o suficiente para ser independente. Precisa do outro para respirar autoestima, para oxigenar sua autoimagem.

redor. Pelo fato de não ser bem resolvida emocionalmente, não se sentir importante e não ter consciência de seu valor, sua sede de atenção é insaciável. Ela está sempre em busca de mais e mais atenção. Hoje está alegre, amanhã, deprimida. Tudo o que se faz para ela é insuficiente, pois o problema não está no outro, mas dentro dela mesma.

Uma pessoa ciumenta, ainda que seja culta e eloquente, não gosta de si o suficiente para ser independente. Precisa do outro para respirar autoestima, para oxigenar sua autoimagem. Sem o outro, sua existência emocional é um céu sem estrelas, uma cama sem lençol, um caminho sem estrada.

Quem tem ciúme excessivo frequentemente não se interioriza o suficiente para ter um romance com a própria história. Consegue apontar a falha do outro, mas não detecta o rombo em sua personalidade. Exige que o outro o valorize, mas ele mesmo se valoriza miseravelmente, dá migalhas de atenção para si. Para uma pessoa carente, nenhuma resposta será capaz de aquietá-la. Uma pessoa mal resolvida emocionalmente sempre terá uma relação mal solucionada.

> **Um romance saudável começa com desenvolver um romance consigo mesmo. Você precisa se enxergar como uma pessoa incrível, apesar dos seus defeitos, para depois apostar no outro e ter um romance inteligente e sustentável.**

Se uma pessoa educar seu Eu para aprender a se curtir, se valorizar, ter um caso de amor com sua história e ter um romance com sua saúde emocional, suas relações serão cada vez mais saudáveis. Se não tem prazer consigo mesmo, como terá prazer com o parceiro? Se não sabe se aplaudir, como vai aplaudir quem escolheu para viver a seu lado? Se não tem sonhos borbulhantes, como encorajará a pessoa com quem convive a sonhar?

Em minhas conferências e programas de gestão da emoção, sempre comento com os participantes que um amor sustentável requer que uma pessoa, antes de namorar alguém, aprenda a namorar a si mesma, caso contrário, será um veículo emocional sem direção que atropelará os outros. Você namora a si mesmo ou vive sofrendo por antecipação? Você vive suavemente ou vive se cobrando? Pense nisto: é fácil dizer que temos autoestima elevada quando na realidade somos carrascos de nós mesmos.

Um romance saudável começa com desenvolver um romance consigo mesmo. Você precisa se enxergar como uma pessoa incrível, apesar dos seus defeitos, para depois apostar no outro e ter um romance inteligente e sustentável.

4. O ciúme é uma necessidade neurótica de controlar o outro

O desejo de controlar os outros – esposa, marido, filhos, colegas de trabalho – é uma necessidade neurótica e, portanto, excessiva e doentia. É possível ser um ditador vivendo em uma sociedade democrática, e essa ditadura se apresenta no desejo de que todo mundo tenha o mesmo raciocínio, reação, atitudes, velocidade para resolução de problemas, expectativas correspondidas. Tais pessoas são tirânicas.

Pessoas livres formam pessoas livres. Uma pessoa livre não fica olhando para o céu esperando a morte chegar, dizendo "oh, céus, que vida difícil!". Não gasta energia inútil reclamando, mas construindo. Ela tem fome e sede de viver, tem projetos de vida, é motivada, emocionalmente inspiradora, motivadora, excitante. Não controla; liberta as pessoas com as quais convive. Quem é pessimista, mórbido, negativista, conformista tem grande chance de sugar as pessoas que diz amar.

O complexo de inferioridade é a minimização de si e a supervalorização do outro. Toda vez que alguém subestima sua grandeza e maximiza a do parceiro, surgem problemas na relação. Quem se diminui ao mesmo tempo que supervaloriza o outro o sufoca. Quem acha que não tem brilho se incomoda com quem brilha ao seu redor. Claro que há exceções, porém devemos estar atentos, pois esse fenômeno é muito comum.

Muitos casais que começam uma relação cheia de amor podem terminá-la saturada de brigas e intrigas. Se não tiverem um romance inteligente, no qual um investe no outro e aplaude o êxito do outro, os fantasmas mentais, como complexo de inferioridade, timidez e baixa autoestima, poderão vir à tona e asfixiar o sucesso do outro, gerando a necessidade de controlá-lo.

Uma jovem tinha muito ciúme de seu marido, um inglês que era um notável jogador de futebol americano. Todavia, ela não confessava seu ciúme, não assumia que tinha medo de perdê-lo. Não domesticava seus fantasmas mentais, e suas reações subliminares evidenciavam que não apenas tinha ciúme dele, mas também do seu sucesso. Sempre o diminuía quando ele saía na imprensa ou fechava um grande contrato. Nem mesmo o aplaudia quando ganhava uma partida. Seu complexo de inferioridade era tão grande que precisava diminuí-lo para tê-lo em suas rédeas. Ele ficou tão doente que tinha medo de perdê-la, e por fim não suportou. Esse tipo de relação não é amor, mas um cemitério de romances.

Quem não se ama pode até aplaudir seu parceiro na plateia, contudo, nos bastidores, sabota-o, tem atitudes que minimizam seu esforço. Quem não se ama é rápido em apontar falhas, mas lento em exaltar. Um amor sustentável e inteligente deve se prevenir contra todas as formas de sabotagem, deve turbinar os sonhos ou projetos de quem ama. Deve treinar se alegrar, mesmo nas pequenas conquistas. Tais atitudes acionam o fenômeno inconsciente que registra as experiências no córtex cerebral (RAM),

> "Exaltar as pequenas conquistas da pessoa com quem se escolheu viver tem maior valor para a sustentabilidade do amor do que dar presentes caríssimos para quem se ama."

formando bairros socioemocionais notáveis na memória, expressos por núcleos de janelas light que financiam a afetividade, o preâmbulo e a continuidade da relação, gerando o prazer de estar junto.

Exaltar as pequenas conquistas da pessoa com quem se escolheu viver – inclusive nos momentos em que expressa paciência, resiliência, coragem – tem maior valor para a sustentabilidade do amor do que dar mansões, aviões, relógios de ouro, enfim, presentes caríssimos para quem se ama. Presentes caros podem ser uma forma de controlar o outro, controlar "pelo que tenho, não pelo que sou".

Não estou dizendo, de forma alguma, para se eliminarem os presentes de aniversário, Dia dos Namorados ou aniversário de casamento; só estou afirmando convictamente que, pelo ângulo do sofisticadíssimo programa de gestão da emoção, o que você pode dar de melhor para quem ama é você mesmo. Em minha experiência como psiquiatra e psicoterapeuta, aprendi que a maior falha da equação emocional entre casais não é a falta de conteúdo para encantar o outro, e sim a dificuldade de vender bem sua imagem. Irritabilidade, impulsividade, críticas excessivas, intolerância, manias, rotina massacrante, tudo isso depõe contra a sua imagem. Muitos amantes são belos "produtos" com uma péssima embalagem comportamental.

5. O ciúme é uma necessidade neurótica e egocêntrica de não saber dividir

Ser altruísta, solidário, generoso, ter prazer em contribuir para o bem-estar dos outros, se alegrar com o prazer deles são características nobilíssimas de uma mente saudável e deveriam ser aprendidas desde cedo.

Podem-se ensinar todas as matérias clássicas para os alunos e levá-los a ter 100% de aproveitamento, mas, se eles não aprenderem a pensar antes de reagir, a se colocar no lugar do outro e a procurar dar o melhor de si para fazer os outros felizes, poderão se transformar em indivíduos egocêntricos, individualistas, radicais e emocionalmente doentes. Pensando nisso, desenvolvi o Programa Escola da Inteligência,[5] voltado para desenvolver as habilidades socioemocionais de crianças e adolescentes e que deve entrar na grade curricular, uma aula por semana.

Quando falhamos em nossa missão de gerar altruísmo, solidariedade e tolerância a frustrações na personalidade de nossos filhos e alunos, as necessidades neuróticas surgem. Uma vez mais reitero: tais necessidades são desejos

---

5. Pais, professores e gestores educacionais que queiram ter o Programa Escola da Inteligência introduzido na escola dos seus filhos e alunos acessem o site: www.escoladainteligencia.com.br.

exagerados, doentios, bloqueadores. O consumismo, o autoritarismo, o conformismo, a dificuldade de reconhecer erros, o desejo de ser o centro das atenções e de querer tudo rápido e pronto são necessidades neuróticas que destroem o futuro emocional e profissional e as relações interpessoais de milhões de pessoas.

O ciúme é uma necessidade neurótica e egocêntrica de não saber dividir sentimentos, trocar experiências, se doar socialmente. O ciúme leva uma pessoa a atender suas necessidades em primeiro lugar. Mesmo quando pensa que está fazendo isso para proteger o outro, seja seu filho, esposa, marido, namorado, o faz de forma errada, individualista e invasora da privacidade. Quem é ciumento pensa primeiramente em si mesmo, ainda que não perceba isso.

É completamente infantil a crença de que com atitudes ciumentas, controladoras e pressões segura-se a relação. Ao contrário, perde-se com muita facilidade quem se ama. Ainda que não o perca fisicamente, o perderá emocionalmente.

Uma das variantes do egocentrismo é a indiferença. Há homens tão egocêntricos que são insensíveis, completamente diferentes do começo do relacionamento. Há mulheres que dizem: "Quando a gente namorava, ele era tão gentil, amável, generoso, hoje é um poço de egoísmo, parece outro homem, só pensa nele mesmo, só se preocupa com seu bem-estar".

Infelizmente, esse tipo de egocentrismo é muito comum. Esses homens acham que o jogo do amor está ganho.

> O ciúme é uma necessidade neurótica e egocêntrica de não saber dividir sentimentos, trocar experiências, se doar socialmente. [...] Quem é ciumento pensa primeiramente em si mesmo, ainda que não perceba isso.

Chegam em casa e, em vez de perguntar para a esposa como foi o dia dela ou fazer um pequeno elogio, já ligam a televisão e se atolam no sofá. São apóstolos da indiferença, estão aptos a ser diretores de uma empresa ou profissionais liberais, mas não a ter um romance rico e saudável.

Amor é uma delicada planta que exige nutrientes e água todos os dias. Indivíduos que possuem um amor inteligente procuram irrigar o parceiro, têm prazer de dar seu melhor a quem amam. E seu melhor são eles mesmos. Porém, muitos são tão egoístas que sua presença emocional parece caríssima para estar disponível. Quando essa indiferença ocorre na relação com filhos, teremos os "órfãos de pais vivos", um crime educacional.

O amor nasce e se desenvolve no prazer de se doar, dividir e compartilhar. O amor é um intercâmbio de experiências, nunca uma via de mão única. No começo de uma relação ambos se doam, ambos se procuram, correm para o mesmo alvo. Mas, com o tempo, um deixa de correr ou corre em uma direção diferente, e os problemas começam a aparecer.

Em toda relação afetiva, quando apenas um dos lados se esforça para preservá-la, quando apenas um divide o que pensa e sente, o amor não se sustenta... Num romance saudável, os amantes são cozinheiros que preparam os nutrientes para ambos banquetearem juntos o amor.

5

O ciúme, a ansiedade e a solidão da consciência

A solidão paradoxal da consciência existencial

Como comentei no Capítulo 1, meus livros não são de autoajuda, nunca foram; são de divulgação científica, tanto que são usados em muitas universidades. Por isso, sempre "estresso" meus leitores com capítulos mais complexos. Tenha paciência consigo e também comigo se tiver dificuldade de entender tudo o que vou explicar aqui. Para avançar na leitura, você precisa conhecer minimamente a espécie mentalmente complexa que somos e o porquê de construirmos armadilhas mentais, como raiva, inveja, timidez, autopunição, fobias e o ciúme, tema deste livro.

Uma pergunta fundamental: pode o ser humano viver só, em plena solidão? A resposta é não. Isso porque, ainda que o *Homo sapiens* não tenha personagens reais com os quais se relacionar, ele os cria em sua própria mente. O *Homo sapiens* é e será sempre *Homo socius*, um ser sociável.

Nem de longe tenho, ou pretendo ter, todas as respostas de por que é impossível para o ser humano viver só, mas vou dar aqui algumas importantíssimas. Desenvolvi uma das poucas teorias da atualidade sobre as sofisticadas áreas do psiquismo humano, como o processo de construção de pensamentos, a formação da consciência e a organização do Eu como gestor psíquico. Derivadas dessa teoria, teremos algumas respostas que podem abalar nossos alicerces sobre "quem somos e o que somos".

Se não estudarmos o funcionamento da mente, deixaremos de entender não apenas o fenômeno do ciúme e da ditadura do controle, mas também a gênese das necessidades neuróticas mais comuns: a formação dos traumas, a exclusão social, enfim, as mazelas humanas.

Podemos tecer inúmeras explicações sobre por que somos seres sociais. Algumas estão ligadas ao processo educacional, à necessidade de cooperação social, à busca por sobrevivência e proteção, aos ganhos afetivos, mas talvez a mais importante, e a mais complexa delas, esteja ligada à última fronteira da ciência: a natureza da consciência humana.

Se estudarmos essa área, nunca mais seremos os mesmos nem veremos a vida da mesma forma. Pelo ângulo do funcionamento da mente, um mendigo é tão sofisticado quanto um bilionário, um "psicótico" tem um intelecto tão complexo quanto o dos psiquiatras e dos mais notáveis cientistas, um anônimo tem tanto brilho no território da emoção quanto um ator agraciado com o Oscar. Infelizmente, a idade emocional da espécie humana nunca passou da pré-adolescência, por isso gostamos de nos classificar, nos comparar com os outros. Olhamos os parâmetros externos, mas não perscrutamos os parâmetros internos.

As faculdades de psicologia, sociologia e psicopedagogia precisariam estudar o funcionamento da mente a partir das últimas fronteiras da ciência, em destaque o processo de construção de pensamentos e da consciência existencial. Só peço que abra sua mente para pensar em outras possibilidades e se preparar para quebrar seus paradigmas.

A consciência humana é talvez o fenômeno mais complexo de todo o universo. Os buracos negros, a força gravitacional, a velocidade da luz, a transformação de matéria em energia são fenômenos complexos, mas nada se compara ao fenômeno da consciência existencial. Por meio da consciência, nos sentimos seres únicos, diferentes dos outros bilhões de seres humanos que habitam o planeta. Por sermos seres conscientes, nos educamos, construímos uma personalidade e registramos uma história. A consciência é o maior espetáculo da mente humana, seja quando ela defende uma tese acadêmica, recebe um Nobel, faz discursos na Organização das Nações Unidas ou quando comete erros crassos como exclusão social, vingança ou ciúme.

A consciência existencial é tão sofisticada que, quando mal utilizada, torna o ser humano um deus. Quando alguém sofre, apesar de bilhões de pessoas não darem a mínima para sua dor, parece que todo o universo sofre com ele. Quando um ser humano se alegra, parece que todo o universo sorri. Quando uma pessoa tem uma crise de claustrofobia, por ser ela um ser consciente, o universo todo torna-se um cubículo sem ar, asfixiante.

A humanidade produziu muitos ditadores sociopatas que se colocaram como centro do universo. Como não tiveram uma educação empática e, consequentemente, não aprenderam a se colocar no lugar do outro, o mundo tinha que girar em sua órbita. Consideravam-se deuses, escravizavam, dominavam, promoviam discriminações, fomentavam guerras. Eram meninos com poder nas mãos. Tornar-se um ser consciente sem ter consciência das armadilhas da mente pode nos transformar em carrascos da humanidade, ainda que seja de uma pessoa ou de nós mesmos.

Para que a consciência existencial não nos torne deuses e promova os alicerces da humildade, da generosidade, do carisma, da capacidade de elogiar e de promover o outro, é necessário mudar o grande paradigma da educação mundial: a educação da informação, que entulha o cérebro humano com dados. Precisamos da educação do Eu como gestor da mente humana.

A educação da informação gera seres humanos radicais, inflexíveis, egocêntricos, assaltados por necessidades neuróticas e abarcados pelo ciúme, pela inveja, pela intolerância às frustrações. Por outro lado, a educação do Eu como gestor da mente humana gera seres humanos que gerenciam seus instintos, administram sua ansiedade, protegem sua emoção, têm prazer na solidariedade e desenvolvem altos níveis de tolerância às frustrações. Enfim, contribuem para formar pensadores, e não repetidores de dados.

A consciência existencial é virtual

Os computadores nunca terão consciência existencial. Nunca sofrerão com a solidão ou o ciúme. Não terão alegrias nem angústias. Não sentirão o perfume das flores nem o cheiro azedo dos alimentos fermentados. Não gozarão a tranquilidade nem serão perturbados pela ansiedade. Todos os computadores interligados jamais provarão as chamas do amor ou as labaredas do ciúme. A dor emocional pode ser, dependendo do seu tipo, insuportável, mas ela é um privilégio da psique humana. Somos demasiadamente complexos.

Depois dessa pequena abordagem sobre a consciência existencial, vamos à pergunta fatal: a consciência tem natureza real (emocional) ou virtual (pensamentos)? Eis a pergunta das perguntas, o mistério dos mistérios da ciência humana. A consciência é virtual, ela jamais incorpora a realidade do objeto conscientizado. Se não fosse virtual, não produziríamos personagens nos sonhos, não anteciparíamos o futuro nem ruminaríamos o passado. Só temos essa borbulhante criatividade na esfera da virtualidade.

Um pai jamais toca a realidade emocional de um filho quando o corrige. Um professor jamais assimila a realidade intrínseca das crises e angústias de um aluno que acabou de causar um tumulto na classe. Um psiquiatra jamais incorpora a implosão psíquica produzida por um ataque de pânico de um paciente. Entendemos sempre o outro virtualmente, por isso grande parte dos nossos julgamentos está errada, contaminada ou distorcida. Entendemos o outro a partir do nosso processo de interpretação. Veja

> "Quando o Eu permite ou se omite, "entregando" à emoção um cartão de crédito ilimitado, tudo o que é virtual pode se transformar em real. Uma barata vira um dinossauro, uma crítica falsa afeta a alegria por dias ou semanas, uma ofensa feita a um rei ou uma nação pode levar a uma guerra, um pensamento sobre o futuro é capaz de assombrar um indivíduo."

os partidos políticos, eles têm opiniões totalmente distintas sobre os mesmos pontos.

O fato é que entendemos nosso parceiro, nossos filhos, alunos, amigos a partir de nós mesmos. Quando um homem faz uma acusação falsa, uma crítica injusta à sua parceira, ele pode invadir a mente dela e destruir seu humor? Não. O virtual não pode mudar o real. Mas por que ela sofre? Em primeiro lugar, porque a emoção é real, concreta. Em segundo lugar, porque o Eu é a ponte entre o real e o emocional, ele tem de permitir que a ofensa se materialize na emoção. Somente quando o Eu permite ou se omite é que o pensamento virtual se materializa e perturba o *Homo sapiens*. Quando o Eu se omite, a emoção passa a pilotar a aeronave mental, bancando a acusação injusta, dando crédito à atitude agressiva. A emoção vivencia o pensamento virtual tal qual um espectador se sensibiliza com as cenas de um filme, que é puramente virtual.

Quando o Eu permite ou se omite, "entregando" à emoção um cartão de crédito ilimitado, tudo o que é virtual pode se transformar em real. Uma barata vira um dinossauro, uma crítica falsa afeta a alegria por dias ou semanas, uma ofensa feita a um rei ou uma nação pode levar a uma guerra, um pensamento sobre o futuro é capaz de assombrar um indivíduo.

É impossível alguém nos ferir emocionalmente, a menos que nos permitamos ser feridos. Se alguém o critica, ofende, rejeita ou tem ataques de ciúme, somente com a sua permissão consciente ou involuntária você será machucado. A conclusão das conclusões é: nosso maior carrasco somos nós próprios. Ninguém pode fazer tanto mal a você quanto você mesmo. Se abraçar, proteger a emoção, não gravitar na órbita dos outros são ferramentas de sobrevivência.

A ansiedade vital e o ciúme

Um astrônomo pode passar a vida toda pesquisando o universo, sua consciência pode levá-lo a pensar em bilhões de galáxias, porém ele jamais incorporará a realidade de uma estrela ou de um átomo. A consciência, por ser de natureza virtual, o deixa mais próximo do objeto pesquisado, mas ao mesmo tempo infinitamente distante dele. Essa é a solidão paradoxal da consciência virtual. Compreendemos o mundo virtualmente, mas não essencialmente, a não ser que usemos o tato e o sistema olfativo.

Pais estão próximos dos filhos, contudo infinitamente distantes deles. Casais se amam de forma desesperada, mas, fora das carícias, das relações sexuais, dos beijos, eles não se tocam essencialmente. Reclamam, criticam, apontam falhas na esfera da virtualidade. Eles elogiam, aplaudem, valorizam também virtualmente. Enfim, tudo é virtual nas esferas da intelectualidade, mas o Eu é a ponte entre o real e o virtual. Portanto, ele deveria ser maduro e inteligente para transformar, dar crédito e substancializar todos os pensamentos serenos, não os perturbadores.

Se o Eu não aprender a gerir a mente e os estímulos estressantes, é muito fácil um casal começar a relação no céu do afeto e terminar no inferno das disputas e críticas. Pessoas marcadamente insatisfeitas querem mais atenção, mais retorno, mais valorização, sem saber, todavia, que esses nutrientes são virtuais. Cabe ao Eu fazer das pequenas gotas uma chuva e do papel e da caneta uma poesia, enfim, fazer das pequenas carícias e afetos um rio emocional.

6

O ciúme e a solidão do autoabandono

A solidão paradoxal: ansiedade e ciúme

Sabemos que todo ser humano vive num cárcere virtual. Entendemos ou percebemos o comportamento deles pelo processo de interpretação da realidade, e não pela realidade em si. Conhecemos o outro a partir de nós mesmos. Se não aprendermos a nos esvaziar de nós mesmos, nossas interpretações terão muito mais a ver conosco do que com nosso cônjuge, nossos filhos e alunos.

É mais fácil nossas interpretações serem distorcidas do que se aproximarem da realidade emocional dos comportamentos que estamos interpretando. O ciúme é uma grave e velada distorção do processo de interpretação. Uma verdadeira armadilha mental.

De todas as palavras que podem definir o ciúme, nenhuma se aproxima tanto de sua arquitetura quanto "autoabandono". Toda pessoa que tem ciúme se autoabandonou,

> **De todas as palavras que podem definir o ciúme, nenhuma se aproxima tanto de sua arquitetura quanto "autoabandono". Toda pessoa que tem ciúme se autoabandonou. Quem tem ciúme tem um Eu com baixo nível de sociabilidade consigo mesmo, embora possa conviver tranquilamente com outras pessoas.**

pelo menos nos momentos de ataques de ciúme. Quem tem ciúme tem um Eu com baixo nível de sociabilidade consigo mesmo, embora possa conviver tranquilamente com outras pessoas. Tem também baixo nível de amor-próprio, precisa da atenção do outro para tentar diminuir o déficit de atenção que tem para si.

O ser humano, como vimos, é um ser inevitavelmente social, mas algumas pessoas têm uma necessidade maior de se socializar, de ter alguém a seu lado, pois são mais sensíveis à solidão. O ciúme é uma tentativa exagerada e doentia de superar a solidão. Quem tem ciúme é profundamente solitário, ainda que viva rodeado de pessoas. Os ciumentos desconhecem esta tese: se as pessoas que amo me abandonam, a solidão é suportável, mas, se eu mesmo me abandono, ela é intolerável.

É ótimo que quem amamos nos afague, porém há mais mistérios entre receber carinho e viver em função deles do que imagina a vã psicologia dos romances. Ao longo de mais de 20 mil sessões de psicoterapias e consultas psiquiátricas que realizei, descobri que todos somos grandes roteiristas no teatro psíquico, e nosso verdadeiro desafio é escrever comédias, não peças de terror, ou seja, ter romances, não relações asfixiadoras.

Jamais podemos esquecer que a tradução inconsciente do ciúme é "estou tão pobre de mim que procuro me enriquecer no outro. Estou tão carente de mim mesmo que procuro apoio desesperado no outro". Resolver essa equação emocional é fundamental para se ter uma mente saudável.

Não se isole

Muitas pessoas se autoabandonaram, embora não tenham consciência disso. Baixa autoestima, timidez, anorexia, bulimia, vigorexia, preocupação excessiva com a imagem social, sentimento de vingança, raiva, inveja e, em destaque, o ciúme são sintomas evidentes de uma pessoa que se autoabandonou. Só uma pessoa que se autoexcluiu tem tamanha carência.

> O suicídio é uma forma solene de autoabandono. Mas quem pensa em desistir da vida, na realidade, tem, como já manifestei em outras oportunidades, fome de viver e de construir pontes para alcançar os outros.

O suicídio é uma forma solene de autoabandono. Mas quem pensa em desistir da vida, na realidade, tem, como já manifestei em outras oportunidades, fome de viver e de construir pontes para alcançar os outros. Milhões de leitores têm se utilizado das ferramentas que criei para não se abandonarem, para deixarem de ser vítimas de suas mazelas socioemocionais e se tornarem minimamente autores de sua história.

Quem se abandona asfixia o autodiálogo, contrai o prazer de viver e o relaxamento. Uma das principais formas de viver a solidão do autoabandono é, como citei, cobrar-se excessivamente. Ser pouco tolerante com suas falhas e seus limites é ser seu algoz. Não dar risada de sua própria estupidez e suas incoerências é ser autopunitivo. Bom humor é fundamental para construir pontes com sua própria personalidade. Uma pessoa pessimista tem muita facilidade em nutrir seus vampiros emocionais.

Há pessoas que passam décadas com medo de avião, de falar em público ou de elevador e nunca dialogaram sistematicamente consigo mesmas. Nunca se perguntam: "Por que sou escravo desse medo?", "Quando ele surgiu?", "Por que surgiu?", "Como ele me controla?", "Como reeditar as janelas no meu cérebro que o financiam?".

Se você não gasta alguns minutos diários fazendo essas indagações, não terá chance de reescrever sua história. As sociedades modernas tornaram-se um canteiro de pessoas frágeis, sem resiliência, sem capacidade de filtrar estímulos estressantes, enfim, sem habilidade para trabalhar o Coaching Emocional.

Não é sem razão que há uma explosão no número de doentes psíquicos na era da indústria do lazer, da internet, do acesso à informação. Era de esperar que nesta era tivéssemos o maior número de pessoas mentalmente livres e emocionalmente saudáveis, mas estamos diante de uma enorme safra de pessoas doentes. Era de esperar que tivéssemos uma geração de mulheres mais saudáveis e felizes, mas estamos diante da geração mais triste e com maior baixa autoestima que já se viu.

Cerca de 70 milhões de pessoas, grande parte mulheres jovens, desenvolveram anorexia ou bulimia. Apenas 3% das mulheres se veem realmente belas em muitas sociedades. No Brasil, um país aparentemente tão festivo, há milhões de mulheres que sorriem por fora, mas choram por dentro, e travam uma verdadeira guerra com seu pior inimigo: o espelho.

Solidão criativa

É importante ter algumas doses da solidão social, ou seja, se afastar em certos momentos da agitação social e se recolher dentro de si mesmo, para se relacionar consigo mais intimamente. Interiorizar-se, refletir sobre sua história, reciclar o ciúme, a inveja e as mágoas e se reconciliar com seus sonhos é fundamental para libertar seu imaginário e se reinventar.

Muitos pensadores, escultores, artistas plásticos, filósofos e religiosos têm necessidade vital da solidão criativa. Sem ela, os ruídos da rotina entorpecem a mente e castram a produção de conhecimento. Se você não gosta de ficar sozinho de vez em quando, provavelmente não tem um relacionamento saudável e íntimo consigo mesmo, o que o deixa em desvantagem para ser imaginativo.

A solidão criativa não é ausência absoluta da interação social, mas a presença do ser diante de si. Nesse momento, estamos tendo um caso de amor conosco, o Eu está investindo em si mesmo, libertando-se, saldando seu débito com a interiorização numa sociedade altamente exteriorizante e consumista. Muitos chafurdam na lama da mesmice porque não sabem mergulhar dentro de si. Muitos não fazem essa viagem porque têm medo de encontrar seus fantasmas mentais. Nesse caso, a ignorância é altamente punitiva.

A solidão transforma ricos em miseráveis

Não é factível viver só, porém é possível ser solitário, não construir relações saudáveis consigo mesmo e com os outros, estar só no meio de uma multidão. Se um ser humano tivesse montanhas de ouro e incontáveis aeronaves, mas vivesse só neste planeta, se sentiria o mais miserável dos seres, o ouro perderia seu "brilho" e as aeronaves não o fariam voar, pelo menos não prazerosamente, por muito tempo. Há milionários que, encarcerados pela solidão, vivem de migalhas de prazer. Há 800 milhões de mendigos que passam fome do pão de trigo e bilhões que passam fome do pão da emoção.

Se alguém tivesse todos os palácios do mundo mas, quando andasse, só ouvisse seus próprios passos ou, quando dormisse, só ele colocasse a cabeça num travesseiro, essa pessoa não descansaria. Cedo ou tarde, trocaria todos os palácios pelo mais simples casebre no meio de um bairro pobre. Não é sem razão que há no mundo tantos milionários depressivos. Pelo ângulo da gestão da emoção, quem é verdadeiramente rico? Quem é feliz. Simples assim.

Ainda que a morte não existisse, se não aprendêssemos a amar, dialogar, nos aventurar e viver experiências sociais agradáveis, a eternidade se tornaria uma fonte de tédio. Somos meros mortais, porém muitos nesta curta existência perderam o encanto pela vida. É espantoso assistir a vários jovens que deveriam estar borbulhando de prazer, seja por explorar a vida ou pela explosão hormonal, já entediados.

Camas confortáveis que não relaxam, dinheiro que empobrece a alma, aplausos que não animam o coração, êxitos que não geram sucesso emocional, eis alguns paradoxos do ser humano que detesta a solidão criativa, que tem medo de procurar dentro de si o mais importante endereço. E você? Escapa desses paradoxos ou é capturado pelos seus tentáculos?

As pessoas ciumentas querem banir fortemente a solidão do teatro de sua emoção, desejam que os outros gravitem em sua órbita, por isso controlam parceiro, filhos, amigos, colegas de trabalho e até bens materiais, mas não controlam a si mesmas, não entendem que o ciúme é seu grito de alerta, um aviso de que elas não sabem se abraçar, se apoiar, apostar em si, ter autoestima sólida. O ciúme nos afasta de nós mesmos e, de quebra, nos distancia de quem amamos.

Todos que são vítimas do ciúme são perdedores, pois desmoronam suas relações. Poderão ter a seu lado servos, mas nunca seres humanos que os amem; poderão ter pessoas que os temam, mas não que os admirem.

> As pessoas ciumentas [...] não entendem que o ciúme é seu grito de alerta, um aviso de que elas não sabem se abraçar, se apoiar, apostar em si, ter autoestima sólida. O ciúme nos afasta de nós mesmos e, de quebra, nos distancia de quem amamos.

7

Ferramentas para proteger a emoção

Para proteger a emoção e irrigar a estabilidade das relações, faz-se necessário o uso diário de, pelo menos, três ferramentas fundamentais:

1. Doar-se diminuindo a expectativa do retorno

Um indivíduo pode estar rodeado de pessoas o tempo todo, mas sempre será virtualmente solitário. Pode estar próximo fisicamente, mas entre ele e os outros haverá sempre um antiespaço. Isso ocorre porque, assim como ele não penetra nos personagens de um filme, também não o faz com os personagens concretos que o rodeiam, ele os percebe virtualmente.

É difícil estar em uma relação e não se frustrar. Pessoas carinhosas podem se tornar estúpidas em alguns momentos. Pessoas sensatas podem ser irracionais de vez em quando. Pessoas generosas podem ser egoístas nos momentos de tensão. Pessoas que têm autocontrole podem vir a se tornar ciumentas se cultivarem o medo de perder. Em alguns momentos, você também vai frustrar, ser incoerente e ter atitudes egoístas. Por isso, aprenda a doar-se sem receio para os filhos, o parceiro, os amigos, mas diminua tanto quanto possível a expectativa de retorno.

Quem cobra retorno dos outros, ainda que merecido, pode mergulhar numa fonte de frustração. Quem espera que os outros paguem a fatura no mesmo "valor" dado tornar-se-á, como vimos, um agiota da emoção.

Deve haver retorno, é claro, mas ele deve ser espontâneo. Quem cobra demais, sufoca. Quem espera em excesso o retorno terá ataque de ciúme ou crises de decepção. Fica mais barato e suportável aceitar as pessoas do jeito que são, sem esperar que correspondam às nossas expectativas. No segundo momento, podemos ajudá-las a se reciclar. Se aumentarmos os níveis de exigência, a relação poderá pouco a pouco ficar insuportável. Belos romances não se destroem quando os amantes tropeçam nas grandes montanhas, como a traição, mas nas pequenas pedras.

Uma jovem me disse: "Doutor Cury, casei-me com uma pessoa muito difícil". Dei um passo para trás e ela, ansiosa, continuou: "Pense numa pessoa complicada. Você, que é um psiquiatra, não suportaria conviver cinco minutos com ele sem perder a paciência". Dei outro passo para trás, olhei bem nos olhos dela e disse: "Olha, se você escolheu uma pessoa tão difícil para viver, você não deve ser tão fácil. Pois os semelhantes se atraem. E ele vai ficar mais difícil se você agir como uma neurocirurgiã, querendo operar o cérebro dele".

Por favor, observe bem as ferramentas derivadas da solidão da consciência virtual para proteger a emoção e alicerçar a relação. Não viva enclausurado. Uma pessoa individualista e egocêntrica não é feliz. Enfatizo: doe-se, entregue-se, seja generoso, mas diminua a expectativa do retorno, pois, se o Eu não atuar, os íntimos são os que mais podem nos ferir.

2. A emoção não pode ter um cartão de crédito ilimitado

Se o pensamento é virtual e não pode se materializar no território da emoção a não ser que o Eu permita ou se omita, nosso Eu deve ser treinado a não comprar aquilo que não lhe pertence. A tese do Eu deveria ser: "Podem me caluniar, me injuriar, me ofender, ter ataques de ciúme, porém não vou comprar o lixo social. Ele é virtual, não me pertence. Não vou transformar o virtual em lixo emocional".

Dá para entender que, se tivéssemos um Eu educado para ser líder da psique, gerenciar a emoção e aprender a ser um comprador responsável de estímulos estressantes, não teríamos entre 800 mil e 1 milhão de pessoas se suicidando por ano. Não teríamos a cada quatro segundos uma pessoa atentando contra a própria vida. Se fosse maduro e autônomo, o Eu não compraria o que não lhe pertence, não se sentiria excluído nem ficaria se punindo.

Os professores são os profissionais mais importantes do teatro social, porém o sistema educacional mundial está doente, formando pessoas doentes para uma sociedade doente. Ele não trabalha os papéis do Eu como gestor da emoção, como propomos no programa Escola da Inteligência. A humanidade continuará a ser uma fábrica de doenças emocionais. Não é sem razão que 70% dos alunos estão apresentando sintomas de timidez e insegurança, mesmo que entrem nas redes sociais. Imagine que metade da plateia de alunos provavelmente precisará de psiquiatras e psicólogos. E a prevenção? A educação clássica assiste passivamente a esse desastre socioemocional. Continua ensinando a matemática numérica sem ensinar a matemática da emoção; continua ensinando línguas sem ensinar aos alunos como falar com seus fantasmas mentais e domesticá-los. O Eu mal equipado nas escolas e nas famílias torna-se um consumidor emocional irresponsável. Faz de sua mente uma lata de lixo.

Há muitas pessoas hipersensíveis, sem nenhuma proteção mental. Toda pessoa hipersensível pode ser ótima para os outros, mas sempre será péssima para si mesma. Sua emoção é como um cartão de crédito ilimitado. Quando recebe um olhar atravessado, ela o compra e paga caro por isso. Uma crítica é absorvida com rapidez e estraga sua semana. Qualquer ofensa é vivenciada sem nenhum filtro e estraga seu mês. Uma traição interfere em toda a sua vida.

Quem tem ataques de ciúme é um péssimo comprador emocional. Alguns vão aos limites da irracionalidade. Se o parceiro olha para o lado, acha que ele já está flertando com alguém. Se ele não responde uma mensagem na rede social, acha que está sendo abandonado ou desprezado. Se o parceiro se atrasa para chegar em casa, acha que está sendo traído. Às vezes, o Eu está tão doente que não tem a mínima autocrítica. Nesse caso, deixa a emoção comprar todos os seus pensamentos e suspeitas absurdas.

Se a emoção estiver à frente do Eu, gastando a energia cerebral comprando ingenuamente todos os estímulos estressantes, nossa mente entrará em colapso. Acordaremos fatigados, teremos dores de cabeça e musculares, sofreremos pelo futuro, ruminaremos as mágoas e as decepções do passado, teremos insônia ou sono de má qualidade. Sei que milhares de leitores precisam se reciclar. Caso contrário, a vida deles será um eterno inverno. Nem os ataques de ciúme devem ser comprados. Uma pessoa madura não compra o que não lhe pertence.

3. O Eu tem de gerenciar a ansiedade para ser autor de sua história

O ser humano é invariavelmente um ser social, porque a consciência virtual o leva a ser dramaticamente só, profundamente solitário. Por se conscientizar do mundo virtualmente, nunca incorporando sua realidade, o ser humano desenvolve uma ansiedade vital saudável que o impele a procurar a essência nunca alcançada das coisas e das pessoas. Essa ansiedade vital gera uma força incontrolável e inconsciente que motiva cada um de nós a ter um parceiro, filhos, amigos, construir personagens na nossa mente, elaborar personagens nos sonhos.

O *Homo sapiens* procura de todas as formas, com toda a sua energia, inclusive inconscientemente, fugir da maior de todas as solidões, a solidão paradoxal da consciência virtual. Sua consciência o coloca em contato com o universo, mas entre ele e o universo conscientizado há um antiespaço, um espaço intransponível, que o leva a querer abraçar o mundo. A consciência virtual gera um desejo inconsciente e irrefreável de se relacionar.

Sei que é dificílimo compreender esse fenômeno, inclusive é muito provável que a maioria dos psicólogos, psiquiatras, filósofos o desconheça, mas ele é vital para entendermos tanto o funcionamento da mente como o processo de construção das relações sociais. Compreender esse fenômeno pode ser chocante. Alguém diria: "Parece tristíssimo saber que estamos sempre sós, por mais próximo que estejamos das pessoas". Contudo, no fundo, essa solidão da consciência existencial não é triste; ela é uma fonte de alegria.

Sem ela, não teríamos fome e sede de amar, de encantar o outro. Sem ela, o *Homo sapiens* não seria um ansioso *Homo socius*, seríamos coletivamente autistas. As pontes virtuais costumam ser tão frágeis que deveriam ser regadas a beijos, abraços, apoios, valorização, elogios. Reitero: sem a solidão paradoxal da consciência virtual que nos aproxima do objeto conscientizado e, porém, ao mesmo tempo, nos coloca infinitamente distante dele, não teríamos uma ansiedade vital que nos motiva a construir várias relações sociais. As famílias nucleares não vão acabar, como pensam alguns; os romances não vão deixar de existir, como muitos imaginam. Uma pessoa pode ter ciúme, decepções e até vivenciar traições em seu relacionamento, pode se separar e dizer: "Nunca mais me relaciono com ninguém!", mas muito provavelmente, cedo ou tarde, construirá outras relações afetivas. Se não as construir com pessoas concretas, as construirá com seus fantasmas mentais.

Mas há um contraponto. A virtualidade da consciência pode nos encerrar numa masmorra e, portanto, gerar aspectos muito negativos. A solidão da consciência gerada na esfera da virtualidade pode ser uma fonte de estresse se não for minimamente saciada. Pode produzir angústia, insatisfação, humor depressivo. Há homens que trocam de parceira na mesma frequência com que trocam de camisa. Ao menor sinal de tédio ou estresse, já pedem a separação. Há pessoas que não conseguem se fixar em nenhuma amizade. No começo da relação, têm um ânimo maravilhoso, ficam eufóricos, depois, com a mínima frustração, trocam de amigos. Muitos mudam de profissão, de cidade, de casa, de sonhos com tremenda facilidade. São cronicamente insatisfeitos.

Quem não tem estabilidade nas relações sociais não tem estabilidade emocional. Sua ansiedade vital é exagerada, tornando-se doentia. Está sempre procurando algo ou alguém para saciá-lo, sem entender que o buraco é mais fundo e está mais perto, dentro dele mesmo. Vive numa masmorra virtual. Não sabe se entregar, amar, se doar, ter projetos estáveis e profundos. Nem sempre são os traumas ou janelas killer que causam tal instabilidade; ela pode ser causada pela disfunção do Eu. Um Eu que não é protagonista, mas dirigido pelos estresses da vida, não terá autocontrole. Um Eu disfuncional não será autor de sua história, pois não aprendeu a proteger sua emoção nem a gerenciar sua ansiedade. Portanto, será governado pelo tédio, pelas crises, pelos conflitos, pelas perdas, pelas decepções. Andará nas nuvens, não colocará os pés na terra, não saberá o que quer.

8

O ciúme e a Síndrome do Circuito Fechado da Memória

O ciúme é uma forma solene de disfunção do Eu. Já vimos algo sobre isso, mas quero acrescentar novos aspectos ao fenômeno. Uma pessoa ciumenta está sempre se sentindo vazia, entediada, carente. Parece que, se não tem o outro por perto, não é feliz nem completa. Não consegue se curvar em agradecimento à vida, torna-se muitas vezes especialista em reclamar, em destaque, da pessoa que ama.

No fundo, seus ataques de ciúme são típicos de um presidiário que está num cárcere, só que o cárcere é virtual. Não entende que todos os seres humanos têm uma ansiedade vital, que todos somos carentes, temos a necessidade de nos aproximar do objeto real. Só que a ansiedade de um ser humano ciumento é mais profunda, gera mais insatisfação, produz mais inquietação, levando-o a buscar no outro a estabilidade que não tem, procurando nele a fonte de alegria para suprimir sua angústia.

> **Uma pessoa ciumenta está sempre se sentindo vazia, entediada, carente. Parece que, se não tem o outro por perto, não é feliz nem completa. Não consegue se curvar em agradecimento à vida, torna-se muitas vezes especialista em reclamar, em destaque, da pessoa que ama.**

Como tenho dito, uma pessoa mal resolvida é dramaticamente insatisfeita; ainda que sua parceira ou seu parceiro lhe dê a atenção com que ela sonha, ainda que o parceiro viva em função dela 24 horas por dia, como se fosse um escravo, ela continuará sendo um ser humano infeliz, fazendo pessoas infelizes.

Quem é muito carente tem tendência a ser ciumento, quem é ciumento é também possessivo, e quem é possessivo não possui aquilo de que mais precisa: si mesmo. Não explora o território da sua emoção, é um forasteiro na própria terra. Para resolver seus núcleos traumáticos, uma pessoa ciumenta ou que possui qualquer outro transtorno psíquico deve reeditar as janelas killer: duvidar de tudo que o controla, criticar cada pensamento perturbador e determinar ardente e diariamente ser livre, e não um escravo emocional. Esse exercício deve ser feito a cada momento no silêncio de nossa mente. Nos calamos por fora e "gritamos" por dentro.

Além de reeditar as janelas traumáticas, uma pessoa que tem conflitos, como ataques de ciúme, fobias, pessimismo

> Quem é muito carente tem tendência a ser ciumento, quem é ciumento é também possessivo, e quem é possessivo não possui aquilo de que mais precisa: si mesmo. Não explora o território da sua emoção, é um forasteiro na própria terra.

ou humor depressivo, deve formar novos núcleos saudáveis de habitação do Eu, novas plataformas de janelas light. Como? Elogiando mais e criticando menos. Todos os dias deveríamos fazer pelo menos três vezes mais elogios do que críticas. Criticar em excesso e apontar falhas viciam como drogas. Deveríamos exaltar os filhos, promover nosso parceiro, apontar suas características nobres. Esse comportamento não apenas planta janelas light ou saudáveis em quem recebe os elogios, mas também em nós.

Além de promover a emoção do outro, deveríamos treinar diariamente a arte de contemplar o belo. Essa arte educa a emoção e muda a paisagem da memória, nos tornando mais leves, livres e alegres. Como contemplar o belo? Abraçando-se mais e punindo-se menos. Reclamando menos e agradecendo mais. A arte de agradecer é vital para uma pessoa ser feliz, realizada e relaxada. Quem não é grato à vida e às pessoas sempre será encarcerado em seu egoísmo.

Contemplar o belo também é educar a emoção diariamente para fazer das pequenas coisas um espetáculo para os olhos, é gastar tempo com aquilo que o dinheiro não compra: admirando as flores, encantando-se com a aurora e o ocaso, fascinando-se com os comportamentos de seu parceiro, perguntando para ele quais são seus sonhos e pesadelos e o que pode fazer para torná-lo mais feliz.

Quem contempla o belo desacelera a mente, se interioriza e se torna um garimpeiro que explora um tesouro no solo rochoso dos outros e da própria mente. Quem contempla o belo tem um Eu bem formado, sai da superfície da inteligência.

A Síndrome do Circuito Fechado da Memória e os ataques de ciúme

Albert Einstein disse que é mais fácil desintegrar o átomo do que eliminar o preconceito. Abraham Lincoln libertou os escravos pela Constituição, e, cem anos depois, Martin Luther King ainda estava lutando contra o preconceito. Por quê? Porque a discriminação, bem como outros transtornos emocionais, como o ciúme, não se transmite apenas pelas palavras ditas conscientemente, mas também subliminarmente por meio de gestos, olhares, atitudes.

Pais ciumentos, que têm paranoia, que desconfiam de tudo e de todos, que são obsessivos e possessivos, se não tomarem cuidado, podem provocar o fenômeno RAM em seus filhos e passar para a nova geração um *pool* de janelas killer que perpetuam suas mazelas. O ciúme não é genético, mas é muito fácil transmitir seus tentáculos pelas relações interpessoais.

Há uma dança de fenômenos inconscientes altamente complexos nas crises de ciúme que torna o Eu um verdadeiro escravo, principalmente se for malformado. Se ele não atuar com maestria e inteligência, não conseguirá gerir ou pilotar a mente. Vejamos. Quando uma pessoa vítima do ciúme observa o comportamento de sua parceira ou seu parceiro, em milésimos de segundo detona o primeiro fenômeno inconsciente, chamado de gatilho da memória. Este abre o segundo fenômeno, uma janela killer, que tem insegurança, desconfiança ou cobrança. O volume de tensão dessa janela pode ser tão grande que faz com que entre em ação o terceiro fenômeno inconsciente, chamado de âncora da memória.

A âncora da memória se fixa na janela killer de tal forma e com tal poder que bloqueia o acesso do Eu aos milhares de janelas light que contêm milhões de dados para dar respostas inteligentes. Nesse caso, o Eu vive uma das síndromes que descobri, a Síndrome do Circuito Fechado da Memória. Quando se fecha o circuito, nos tornamos instintivos como animais, e não seres racionais ou pensantes.

Exploração sexual

Quando o Circuito da Memória é fechado, o ser humano pode ser atroz, cruel, autoritário. Há homens que acusam suas esposas de coisas que só estão em sua cabeça. Eles são paranoicos, têm mania de perseguição, vivem desconfiados de todos, principalmente de sua parceira. Falam tanto que elas estavam seduzindo, olhando ou paquerando outros homens que são capazes de tirar delas confissões de algo que não fizeram. Em alguns casos, essa atrocidade resulta em exploração sexual. Para se excitarem sexualmente, terem uma ereção ou chegarem ao orgasmo, eles as acusam de estarem flertando com outros homens.

Há parceiros que suplicam, pressionam e até obrigam sua parceira a ter relação sexual com outros homens. Querem observá-la nos braços de outros. Também usam esse comportamento para se excitar sexualmente. Agem como vampiros emocionais, não se importando minimamente com a saúde psíquica de sua parceira. As mulheres precisam de homens generosos e altruístas, de amantes inteligentes e inspiradores, e não castradores.

Sem dúvida, a exploração sexual é sinal de uma pessoa mal resolvida emocionalmente. E, além de ser atroz, fragmenta e destrói o amor. Se há dificuldades sexuais, deve-se procurar um terapeuta sexual ou um psiquiatra, e não explorar o parceiro para se resolver.

O ato sexual é belo, saudável, rico, um encontro mágico, sublime e livre. Não são duas pessoas tendo coito, uma em cima da outra, mas dois seres humanos penetrando nas entranhas da emoção, ocupando o mesmo espaço, respirando o mesmo ar e os mesmos sonhos. Há vários casais que usam palavras e gestos instigantes durante o ato sexual. Por exemplo, ele diz que ela é bela, atraente, que pertence a ele, e vice-versa. Esses comportamentos fomentam o jogo da sedução e podem ser muito saudáveis. Casais que são rígidos, fechados e calados durante o ato sexual têm um romance só com prefácio, não constroem novos capítulos, não se reinventam, não renovam a atração.

A Síndrome do Circuito Fechado da Memória e os conflitos

A Síndrome do Circuito Fechado da Memória é responsável por grande parte dos conflitos e das atrocidades da humanidade. O suicídio frequentemente ocorre não porque as pessoas querem se matar de fato, mas porque elas fecharam o Circuito da Memória. Tentam tirar a vida, mas no fundo querem matar sua dor. Os homicídios também ocorrem frequentemente nos focos de tensão, quando se fecha o Circuito da Memória. Guerras, violência, *bullying*, conflitos em sala de aula, na escola, nas empresas ocorrem porque o *Homo sapiens* deixa de ser pensante e se torna *Homo bios*, instintivo, um animal ferido prestes a fugir, atacar ou se automutilar.

Quando alguém o ofender, criticar, decepcionar, você vai verificar como é fácil fechar o circuito da memória, como é fácil perder a racionalidade e agir por impulso. As pessoas ansiosas e ciumentas que o digam. Por isso, a melhor resposta é não dar resposta, é fazer a oração dos sábios, que é construída pelo silêncio proativo. Você se cala por fora e se bombardeia de pergunta por dentro: "Quem me ofendeu?", "Por que me ofendeu?", "Devo ser escravo dessa ofensa?", "Por que não sou livre?".

Em vez de ser controlado pelos ataques de ciúme, pela necessidade neurótica de acusar, cobrar e controlar os outros, você questiona: "Por que não sou autônomo?",

> "Se você almeja fazer a diferença em seu romance, terá de superar as armadilhas da sua mente, aprender a ser altruísta, flexível, aberto ao diálogo, carismático, não ter medo de ser contrariado nem ter a necessidade neurótica de se defender."

"Por que não dou liberdade para quem amo?", "Que carência doentia é essa que me faz sempre cobrar atenção ou acusar comportamentos?".

Por incrível que pareça, nem os amantes, pais ou professores são equipados e treinados para encantar seu parceiro, seus filhos ou alunos e ajudar a resolver seus conflitos. Eles tropeçam no básico. Muitos expõem publicamente o erro de quem amam sem entender que esse comportamento os humilha, gera tanta dor emocional que pode formar janelas killer duplo P, que têm o poder de encarcerar o Eu e formar um núcleo traumático. Devemos corrigir em particular e elogiar em público. Casais que invertem essa ferramenta, que elogiam em particular e corrigem seu parceiro diante dos outros causam acidentes graves na relação.

Se você é impulsivo, intolerante e impaciente, significa que sua formação foi prejudicada. Mas não desanime: se usar a técnica do DCD (Duvidar, Criticar, Determinar) para reeditar o filme do inconsciente e superar a Síndrome do Circuito Fechado da Memória, você pouco a pouco poderá repaginar sua história.

Estamos despreparados para ser líderes de nós mesmos. Provavelmente, 99% das informações que recebemos e assimilamos na esfera educacional, da pré-escola à universidade, são sobre o universo físico, e menos de 1% diz respeito ao universo psíquico, muito mais complexo que o físico.

Se você almeja fazer a diferença em seu romance, terá de superar as armadilhas da sua mente, aprender a ser altruísta, flexível, aberto ao diálogo, carismático, não ter medo de ser contrariado nem ter a necessidade neurótica de se defender. Quem se defende demais tem medo de enxergar as suas loucuras, de mapear seus fantasmas e, portanto, não deixa a luz da razão atingir seus vampiros emocionais. A consequência? Levará seus conflitos para o túmulo.

Paradoxos de um Eu imaturo

1. Poderá adoecer mentalmente quando adulto, ainda que no processo de formação da personalidade tenha sido privado de importantes traumas.
2. Poderá viajar para todos os continentes, porém sem sair do lugar no continente psíquico.
3. Poderá ser emocionalmente frágil e desprotegido diante das contrariedades, ainda que tenha guarda-costas e faça todo tipo de seguro: casa, vida, empresarial.

4. Poderá ser um escravo mesmo vivendo em uma sociedade livre: escravo de fobias, manias, paranoias, ansiedade, ciúme.
5. Poderá cercear a produção de respostas inteligentes na relação conjugal e no ambiente profissional, ainda que tenha um potencial criativo excelente.
6. Poderá ser autodestrutivo, ainda que seja bom para os outros.
7. Poderá causar bloqueios no psiquismo de seu parceiro, seus filhos e alunos, ainda que seja culto e proclame aos quatro ventos que ama as pessoas que o rodeiam.

Quem tem um Eu mal desenvolvido e que desempenha inadequadamente seus papéis como líder da psique poderá não desenvolver os hábitos mais importantes para ser um amante, um pai, um educador, um empresário brilhante. Coragem para caminhar e humildade para corrigir rotas são fundamentais para quem quer desenvolver um romance inteligente e duradouro. Sem tais hábitos, construir relações sociais poderá ser uma cálida usina de estresse.

9

Hábitos dos amantes saudáveis I: vacina contra o ciúme e os conflitos

Antes de viverem juntos, os casais deveriam abrir bem os seus olhos, não amar apenas com a emoção, mas também com a inteligência. Deveriam observar os defeitos, as manias, as dificuldades e as limitações do parceiro. Contudo, depois de começarem a conviver, deveriam diminuir a abertura dos olhos para expandir os níveis de tolerância. Porque, se, ao morarem debaixo do mesmo teto, ficarem procurando falhas e comportamentos passíveis de ser criticados, diminuirão muito o limiar para suportar frustrações – pequenos problemas terão um impacto muito grande –, e a relação se transformará num canteiro de estresse.

Mas é incrível como o ser humano faz o contrário dessa tese. Durante o namoro, somos cegos ou míopes; já quando moramos juntos, somos extremamente observadores. O fato é que nunca se conhece plenamente alguém até estar sob o mesmo teto, pois, durante o namoro, os parceiros apresentam comportamentos que são extraídos principalmente dos arquivos da MUC (Memória de Uso Contínuo), que representa a memória consciente, apenas

1% a 2%. Os demais arquivos estão no inconsciente, chamado de ME (Memória Existencial). Os fantasmas mentais, como manias, arrogância, insensibilidade, paranoia, egocentrismo, intolerância, de um ser humano frequentemente estão alojados na ME e só aparecem em situações especiais.

Muitos dizem: "Encontrei minha alma gêmea. Ela é incrível, tem os mesmos gostos, sonhos, projetos de vida, prazer em dialogar. É fascinante!". Só que, quando começam a morar juntos, a alma gêmea desaparece. Alguns retornam dizendo: "A pessoa fascinante sumiu. Parece que estou convivendo com outra pessoa. Não é o mesmo parceiro que me encantou. Como é possível? Fiquei anos namorando e não o conhecia!". Não há produto falsificado; há parceiros que, após o casamento, revelam o que estava nos escombros da ME, nos solos do inconsciente.

Ser um líder notável é ser uma pessoa aberta, ter um senso refinado de observação para enxergar além dos limites da imagem e ouvir o que os sons não declaram.

Todo amante deveria ter pelo menos oito hábitos saudáveis para dar sustentabilidade à sua história de amor, para que ela tenha poucos capítulos turbulentos. Toda pessoa que constrói uma relação com outra a faz por múltiplos ganhos: alguns conscientes, outros inconscientes.

Entre os ganhos inconscientes estão a superação da solidão paradoxal da consciência virtual, o alívio da ansiedade vital, a projeção emocional no outro, que induz à procura daquilo que lhe falta: conforto. Entre os conscientes estão o prazer emocional, sexual e social, a superação da solidão social, o apoio, a segurança financeira, a nutrição dos projetos de vida, o diálogo interpessoal. Embora os ganhos emocionais e sociais possam ser grandiosos nos romances, se o casal não desenvolver hábitos inteligentes para enriquecer a relação, o sonho do romance pode se transformar num tremendo pesadelo.

Vejamos as ferramentas socioemocionais que todos que se propõem a ser amantes devem utilizar. Tais ferramentas são hábitos universais que devem ser cultivados durante toda a história do relacionamento:

Primeiro hábito: ter um romance com sua história antes de ter com outra pessoa

Quem não ama a si não conseguirá amar outra pessoa. Quem não tem um caso de amor com sua saúde emocional se importará muito pouco com a saúde emocional de seu parceiro. Quem não se preocupa em se alimentar bem, em fazer exercícios, em perceber que a vida é curtíssima para se viver, e por isso deveria ser cuidada e nutrida carinhosamente, não se importará com o bem-estar de quem ama.

A autoestima é uma característica fundamental para se ter uma mente brilhante, uma emoção saudável e relações inteligentes e sustentáveis. Quem não tem autoestima não tem coragem para se levantar, força para lutar, criatividade para se reinventar. Quem não tem autoestima tem medo de correr riscos, chafurda na lama do conformismo, tem tendência a culpar os outros pelo seu insucesso ou sua desgraça. Quem tem baixa autoestima diminui sua capacidade para se doar, torna-se especialista em reclamar e perito em cobrar. A baixa autoestima esmaga a autonomia, a capacidade de uma pessoa ser bem resolvida, alegre e comunicativa. E, além de tudo isso, prepara a mente para ter crises de ciúme.

Segundo hábito: ser transparente na relação, jamais se omitir

Quem quer cultivar um amor inteligente não pode dissimular, se esconder, mentir ou se omitir. Quem dissimula não constrói um amor verdadeiro. Quem mente constrói uma farsa, não um romance saudável. Quem não fala o que pensa ou não comenta os problemas e os conflitos existentes na relação conjugal pode estar adiando uma bomba emocional que cedo ou tarde explodirá.

A dívida da omissão é mais cara do que a da ação. Todo amante deveria aprender a falar de seus sentimentos sem

> Quem tem baixa autoestima diminui sua capacidade para se doar, torna-se especialista em reclamar e perito em cobrar. A baixa autoestima esmaga a autonomia, a capacidade de uma pessoa ser bem resolvida, alegre e comunicativa. E, além de tudo isso, prepara a mente para ter crises de ciúme.

medo. Se tem medo, significa que a relação está doente em sua base. Omitir do outro as crises e as angústias de uma relação nutre os vampiros que sangram o amor. Muitos casais se destroem porque não sabem cuidar de suas feridas. Algumas mulheres, quando insatisfeitas, emburram, fecham a cara por horas ou dias. Pensam estar contribuindo para resolver seus conflitos, quando, na verdade, estão expandindo-os. Emburrar é uma forma feia e débil de ser autoritário. É fechar o circuito da memória, se calar quando deveria ser transparente.

Muitos não resolvem suas crises de ciúme porque seu parceiro ou sua parceira foi omisso no começo da relação, não teve coragem de falar sobre o desconforto que sentia. E assim, pouco a pouco, as labaredas do ciúme aumentaram, seus tentáculos se expandiram e as acusações e as pressões se avolumaram. Desse modo, o ciúme se tornou gigantesco e insuportável.

> **Todo amante deveria aprender a falar de seus sentimentos sem medo. Se tem medo, significa que a relação está doente em sua base. Omitir do outro as crises e as angústias de uma relação nutre os vampiros que sangram o amor.**

Terceiro hábito: expor suas ideias, nunca as impor

Ser transparente é fundamental para ter um romance sustentável, mas expor e não impor as ideias é igualmente vital. Quem é transparente sem delicadeza se torna um trator, uma máquina que passa por cima de seu parceiro, causando acidentes e muitos danos emocionais.

Regular o tom de voz é fundamental. É possível falar de problemas graves num tom ameno. E se meu parceiro elevar o tom de voz? Você deve abaixar o seu, levá-lo a perceber que os gritos espantam o amor. Num romance saudável, quanto mais se expõem ideias, pontos de vista, conceitos, mais chances haverá de se chegar a um consenso. Num romance doentio, quanto mais se impõem as ideias e se enfia goela abaixo o que se pensa, mais se instala no relacionamento uma ditadura na qual um domina o outro. Um desastre emocional.

A relação entre pais e filhos não é uma democracia. Os filhos não têm os mesmos direitos dos pais de gastar, ficar no celular pelo tempo que quiserem, chegar na hora em que bem entendem, dormir quando desejam. Colocar limites com generosidade é vital para formar uma personalidade saudável. Todavia, o casamento é uma democracia emocional, mais poderosa que a democracia política. Ambos têm ou deveriam ter o mesmo peso em suas opiniões, deveriam decidir juntos, sonhar juntos, participar dos mesmos privilégios e das mesmas dificuldades. Direitos desiguais asfixiam o amor.

Ser generoso ao falar é essencial. Quem grita, pressiona, fala num tom alto não sabe o que é amar de forma inteligente. Quem se acha o dono da verdade e nunca reconhece seus erros está apto para conviver com máquinas, mas não para construir um amor verdadeiro.

Impor o que se pensa, seja com birras, emburramentos, pressões, dinheiro, chantagens, é uma forma infantil de amar. O amor mais solene exige que os amantes desenvolvam o hábito da transparência e da exposição paciente de ideias e posições.

> [...] o casamento é uma democracia emocional, mais poderosa que a democracia política. Ambos têm ou deveriam ter o mesmo peso em suas opiniões, deveriam decidir juntos, sonhar juntos, participar dos mesmos privilégios e das mesmas dificuldades.

10

Hábitos dos amantes saudáveis II: vacina contra o ciúme e os conflitos

Precisamos avançar para continuar desvendando os hábitos universais e inteligentes que toda pessoa que quer construir não apenas romances saudáveis, mas também relações sustentáveis e profundas – por exemplo, entre pais e filhos, professores e alunos –, deveria ter:

Quarto hábito: preocupar-se com o bem-estar de quem se ama

Nada é tão belo quanto observar as coisas de que as pessoas que amamos gostam. Nada é tão rico quanto prestar atenção às coisas simples que motivam nosso parceiro, nossos filhos, pais, amigos. Nada é tão poético quanto mapear os sonhos e os prazeres da pessoa com quem dormimos. Quando fazemos isso, conseguimos mapear as coisas de que ela gosta e procuramos supri-las.

Às vezes, um simples elogio diário vale mais do que colares de pérolas. A simples expressão "eu o admiro" pode ter muito mais valor do que um carro importado. Dar um ombro para chorar vale mais do que mil broncas e milhões de conselhos. E, outras vezes, aplaudir traz mais conforto do que uma cama macia num quarto arejado.

Mas, com o tempo, nossas relações ficam tão desgastadas que só temos olhos para ver os erros, só temos *feeling* para perscrutar os defeitos. Tornamo-nos policiais, não amantes. Tornamo-nos psicólogos, não mais apoiadores. Usamos uma lupa para ver as falhas e um megafone para denunciar as incoerências. Perdemos a delicadeza e, rudes, colocamos um véu diante dos olhos e não conseguimos ver as qualidades notáveis de nosso parceiro.

No começo da relação nos tornamos jardineiros, hábeis em cultivar flores, mas com o tempo nos convertemos em coveiros do nosso romance, especialistas em sepultar o amor. No começo, tudo é uma festa, mesmo as falhas de quem amamos são motivo de risadas, não de cobranças. Alguns relaxam tanto que fazem da relação um agradável circo. Mas, com o tempo, se psicoadaptam um ao outro, perdem o prelúdio, creem tolamente que o amor humano é eterno, que o jogo está ganho. Assim, patadas aparecem, discussões por picuinhas se tornam frequentes, e o circo dá espaço ao ringue. Egoístas, não pensam mais em agradar um ao outro, mas apenas a si mesmos.

Quem não se preocupa em agradar quem ama não sabe reconhecer sua indiferença nem seus excessos, não avalia sua imaturidade nem recicla seu mau humor, não analisa suas reações impulsivas nem supera sua mente agitada. Parece que está tudo certo, ainda que esteja em colapso físico, mental, afetivo e social.

Quem se preocupa seriamente em cultivar um romance agradável e perene não tem vergonha de confessar para seu parceiro: "Obrigado por existir", "Você é uma pessoa incrível!", "Eu o amo!", "Eu preciso de você!", "Desculpe minha insensibilidade", "Deixe-me conhecê-lo", "Ensina-me a amá-lo e proporcionar-lhe o que lhe traz conforto".

Quinto hábito: não ser um carrasco de si mesmo – reciclar a culpa e a autocobrança

Se convivermos com milhares de animais talvez não erremos muito, mas se convivermos com um ser humano, por mais notável que seja a relação, erraremos com frequência. Precisamos lidar com autocobrança, sentimento de culpa, autopunição, falta de descanso. Precisamos dar trégua a nós mesmos, caso contrário, nos autodestruiremos. Muitos têm facilidade em perdoar os outros, mas não a si. Toleram as tolices alheias, mas são incapazes de dar risada da própria estupidez. Relaxam diante dos erros dos seus íntimos, mas são algozes de si mesmos.

A culpa branda é fundamental, pois nos leva a ter consciência crítica e a mudar nossas rotas, porém a culpa intensa e cabal retira o oxigênio da liberdade, gera autodestruição. Que tipo de sentimento de culpa você tem? Você já experimentou um sentimento de culpa intenso e destruidor?

E quanto à sua qualidade de vida, qual sua atitude? Quantas vezes você disse que seria uma pessoa mais paciente mas foi levado à ira por uma ofensa? Você traiu a sua intenção. Quantas vezes prometeu que amaria mais, sorriria mais, viveria mais suavemente, trabalharia menos, se preocuparia menos mas não cumpriu sua promessa? Quantas vezes prometeu que seria livre mas foi um escravo de seu ciúme, do cansaço, das preocupações ou do sofrimento por antecipação?

Pode ser chocante concluir que alguns traem seu sono, outros, seus sonhos e ainda outros, seus romances sem nunca ter deitado com outra pessoa além de seu parceiro.

Administrar a emoção é ser livre para sentir, não algemado pelos sentimentos. Que tipo de emoção o perturba? Você é estável ou instável? Você é tolerante consigo ou implacável, não admite errar? Muitos são carrascos de si mesmos. Esqueceram de se abraçar, não sabem dar uma nova chance para si. Se são algozes de si, como serão flexíveis com quem amam?

Muitos fazem seguro de casa, de vida, de carro, mas nunca seguraram sua emoção. Você sabe proteger sua emoção? Ela é seu bem mais valioso? Se é, por que não a protege? Lembre-se sempre desta tese: quando não somos treinados para operar um computador, dirigir um veículo, operar processos numa empresa, podemos não apenas ser ineficientes mas também causar muitos acidentes. Do mesmo modo, se não aprendemos a dirigir nossa emoção, gerenciá-la, estabilizá-la e protegê-la, causamos muitos acidentes. Não se esqueça de que este livro pode lhe dar os tijolos para proteger sua emoção, mas só você pode construir o muro. Posso lhe mostrar os lemes, mas só você pode navegar nas águas da emoção.

Sexto hábito: usar o autodiálogo para reeditar os núcleos traumáticos e desarmar as armadilhas mentais

O autodiálogo, que pode ser chamado de mesa-redonda do Eu, é um debate lúcido, aberto e silencioso que o Eu tem com seu próprio ser, uma reunião com sua história, uma crítica constante a seus fantasmas mentais, como medos e ciúme, uma intervenção direta do Eu em seus traumas, conflitos e dificuldades, um exercício pleno da capacidade de decidir, questionar e dirigir a própria história.

O autodiálogo é uma das ferramentas mais importantes e eficientes para reeditar as janelas killer ou traumáticas e superar as armadilhas mentais, mas infelizmente é uma das menos praticadas em toda a humanidade. Temos preconceito contra quem fala consigo mesmo porque nos autoabandonamos, não sabemos dirigir o *script* de nossa emoção. A mesa-redonda do Eu é definida pelo Eu conversando com os defeitos em sua personalidade, usando o método socrático da exaustão, perguntando no silêncio mental como, quando e por que eles surgiram e como posso superá-los.

Freud e alguns teóricos do passado diziam que nos primeiros anos de vida, em especial até os cinco, seis ou sete anos, vivenciamos os traumas que serão a base dos transtornos psíquicos no futuro. E esses traumas não poderão ser modificados, a não ser por meio de processos terapêuticos. Mas, à luz da compreensão do Eu como autor da história e do sofisticadíssimo processo de construção dos pensamentos e da formação das janelas da memória, podemos adoecer em qualquer época, mesmo tendo tido uma infância saudável.

Até ambientalistas radicais, que não admitem o depósito de lixo no meio ambiente, podem violar o meio ambiente de suas mentes, podem conviver com a poluição de pensamentos angustiantes e emoções devastadoras. Inclusive pessoas religiosas, filantropas e voltadas para a meditação podem ter um Eu autodestrutivo, que não sabe gerenciar seu psiquismo. Brilhantes psiquiatras, que são eficientes para tratar dos seus pacientes, podem ser verdadeiros carrascos de si mesmos.

Mas há uma grande notícia. Embora seja uma tarefa complexa, podemos reciclar nossas mazelas psíquicas, reescrever as janelas da memória em qualquer época e reconstruir nossa história. Ninguém é obrigado ou condenado a conviver com seus conflitos, ciúme, fobias, impulsividades, ansiedades, humores depressivos, pessimismo, timidez, complexos de inferioridade, comportamentos autopunitivos ou destrutivos. A mesa-redonda do Eu pode ser fundamental para prevenir conflitos, ou contribuir para reeditar as janelas traumáticas, ou construir plataformas saudáveis na mente. Mas o Eu da maioria das pessoas é inerte, passivo, frágil, conformista. E o seu Eu?

A técnica da mesa-redonda do Eu nutre sua maturidade, dá musculatura para ele ser autor da própria história. Por exemplo, uma pessoa insegura e que tem crises de ciúme, ao fazer a mesa-redonda do Eu, deve se bombardear diariamente com perguntas como: "Por que sou insegura?", "Quando surgiram minhas crises de ciúme?",

"Por que não tenho autocontrole?", "Quais os comportamentos que me fazem perder o equilíbrio psíquico?", "O que me fez, ao longo da evolução da minha personalidade, ter medo da perda?", "Por que sou um escravo vivendo em uma sociedade livre?", "Por que não dou liberdade para quem amo?", "Minhas atitudes são autoritárias?", "Estou ferindo quem é mais caro para mim?".

Quem faz a mesa-redonda do Eu pode ter dois grandiosos sucessos. Sucesso em construir janelas light paralelas no córtex cerebral, ao redor do núcleo traumático que contém fobias, humor depressivo, pânico, ciúme. Quando se entra no bairro traumático, há bairros vizinhos saudáveis em que o Eu pode se refugiar. Além disso, essa técnica enxerta novas experiências nas janelas killer abertas, reeditando-as. Nunca se esqueça de que não se deletam os traumas; ou se constroem plataformas adjacentes às doentias, ou se reedita o inconsciente.

Parece loucura dialogar consigo mesmo, mas loucura é a ausência de um autodiálogo inteligente com nossos fantasmas. Loucura é ser uma pessoa hiperansiosa e não fazer nada para evitar o esgotamento cerebral. Uma pessoa que pratica o autodiálogo não apenas tem mais condições de superar suas mazelas psíquicas como também de se humanizar, ou seja, de se tornar tolerante, serena e humilde, pois reconhece suas limitações, suas fragilidades.

A mesa-redonda do Eu nos tira do trono do orgulho, da autossuficiência, levando-nos a questionar nossas verdades, mapear nossos traumas, desenhar nossa estupidez, incoerência e imaturidade. Raramente consigo julgar e desistir das pessoas que me aborrecem, porque tenho aprendido a praticar o autodiálogo. Vejo meus defeitos e com isso tenho maior dificuldade de julgar impulsivamente os outros.

Essa prática nos faz interiorizar, ser tolerantes e compreender que somos apenas e simplesmente seres humanos e, como tais, mortais, saturados de defeitos e limitações. Quando você entende sua pequenez, é fácil entender e ser paciente com seus filhos e seu cônjuge. Quando nos colocamos num pedestal, acima dos outros, é fácil condenar e excluir.

Se os casais que têm crises de ciúme e outros conflitos praticassem a mesa-redonda do Eu, eles jamais se machucariam nem feririam pessoas inocentes. Entenderiam que não somos árabes, judeus e americanos, mas membros de uma única e inestimável espécie. Amariam e relaxariam mais, julgariam e pressionariam menos.

11

Hábitos dos amantes saudáveis III: vacina contra o ciúme e os conflitos

Sétimo hábito: promover um diálogo aberto e encantado

Dialogar não é conversar. Conversar é falar sobre o trivial, dialogar é falar sobre o essencial. Conversar é falar sobre o mundo em que estamos, dialogar é falar sobre o mundo que somos. Conversar é discorrer sobre o que está na superfície do planeta Terra, como economia, esportes e ciências, enquanto dialogar é discorrer sobre as camadas mais profundas do planeta Mente. Portanto, dialogar e expor o próprio ser para quem ama é transferir para o outro o capital das experiências. Qualquer casal superficial sabe conversar, mas só os casais que se amam com profundidade e sustentabilidade sabem dialogar; somente eles saem da crosta da inteligência para entrar em espaços ocultos da própria personalidade e da personalidade das pessoas com as quais se relacionam.

Você conhece a pessoa que escolheu para dividir a sua história? Como vimos, conhecemos menos do que imaginamos. Mas conheceremos menos ainda se contrairmos a habilidade de dialogar. Muitos casais sabem ouvir sons, distinguir melodias, notas musicais, ruídos, porém não sabem ouvir a voz da emoção. Têm ousadia para brigar, contudo são tímidos para ouvir antes de criticar. São corajosos para reagir instintivamente, entretanto são frágeis para fazer o silêncio proativo. Sabem ser cúmplices dos atritos, mas não o são da tolerância. São ótimos juízes para apontar a estupidez um do outro, mas péssimos amantes para se proteger mutuamente.

A personalidade é uma grande casa. A maioria dos maridos e das esposas conhece, no máximo, a sala de visitas um do outro. A arte do diálogo exige muitos requisitos:

a) Aprender a ouvir

É impossível aprender a dialogar sem previamente aprender a ouvir. Ouvir não é escutar sons, mas perceber aquilo que as palavras não dizem; não é perceber ruídos, mas analisar emoções. Ouvir é se esvaziar de si mesmo e se deixar ser "invadido" pelo outro. Ouvir é se desfazer dos preconceitos para ouvir o que o outro tem para dizer, e não o que queremos escutar.

Muitos homens são rudes, ainda que sejam intelectuais; sabem discutir, atritar, porém não sabem ouvir. Sua esposa ou namorada está infeliz, contudo eles acham que está tudo bem. Leem os sorrisos nos lábios, mas não as lágrimas que nunca tiveram coragem de ser choradas. Observam as linhas da face, mas não as curvas da emoção. São amantes e pais superficiais que só descobrem que sua parceira e seus filhos estão com dificuldades quando eles precisam com urgência ir a um psiquiatra ou um psicólogo.

b) Aprender a perguntar

Ninguém desenvolverá um diálogo profundo, seja como psiquiatra, psicoterapeuta, educador ou amante, se não aprender a perguntar. A arte da pergunta pavimenta a arte de ouvir; a arte de ouvir asfalta a arte de dialogar.

É possível fazer mil perguntas sobre tudo e todos, mas no romance é vital fazer algumas perguntas básicas: "Como foi seu dia?", "Teve alguma dificuldade?", "Olha, eu também tenho meus conflitos, você está passando por algum?", "Tem sido aborrecido por alguém?", "Sua mente está aliviada ou agitada?", "Seu corpo está relaxado ou estressado?", "Como estão seus sonhos?", "Tem tido algum pesadelo, mesmo acordado?", "Em que posso contribuir para que você relaxe e sorria mais?", "Está infeliz no trabalho e/ou em nossa relação?", "Sente que eu poderia reciclar algum comportamento para melhorar nosso romance?".

> [...] no romance é vital fazer algumas perguntas básicas: "Como foi seu dia?", "Teve alguma dificuldade?" [...] "Como estão seus sonhos?", "Tem tido algum pesadelo, mesmo acordado?", "Em que posso contribuir para que você relaxe e sorria mais?".

c) Superar a necessidade neurótica de ser perfeito: não ter medo de ser criticado

Aprender a ouvir e perguntar é primordial, mas insuficiente para desenvolver uma agenda profunda do diálogo. Faz-se necessário também se desarmar, reconhecer que se é apenas um ser humano, superar a necessidade neurótica de ser perfeito. Quem tem medo de ser criticado, ou se defende excessivamente quando alguém aponta suas falhas, tem baixo nível de diálogo. Quem emburra, tem ataques de raiva, inveja, ciúme, é impaciente e/ou não tolera pessoas lentas também tem um diálogo de má qualidade.

Mas alguém poderá indagar: quem então escapa dessa armadilha mental? Infelizmente, a minha impressão empírica é de que 98% das pessoas têm, de alguma forma, a necessidade neurótica de ser perfeitas. E boa parte dos 2% que não têm essa necessidade não é porque são maduros, mas sim alienados, têm espectro autista. Muitos de nós estamos tão inabilitados para dialogar que, quando alguém aponta alguma de nossas falhas ou nos contraria minimamente, já levantamos barreiras contra ele ou, pior ainda, disparamos a metralhadora de críticas.

As escolas e as universidades não nos educam socioemocionalmente para dialogar. Temos uma educação tão cartesiana, lógica e linear que achamos que para dialogar basta saber falar. Qualquer gravador, rádio e TV emite sons, profere palavras. Dialogar é uma característica de personalidade mais complexa do que aprender a dirigir uma grande aeronave, administrar uma empresa, uma cidade ou um país. Há presidentes de nações que são um desastre na relação com seus íntimos. Há executivos que dirigem milhares de colaboradores mas não sabem minimamente ouvir, perguntar, falar de si mesmos ou se desarmar.

Ninguém sairia do lugar se o tanque de seu veículo estivesse sem combustível. Mas as pessoas querem movimentar e incrementar o relacionamento com seu amado, seu filho ou seus alunos mais difíceis sem colocar o combustível do diálogo nas suas relações. Impossível! Construa o hábito do diálogo treinando diariamente as ferramentas aqui propostas, assim você não apenas prevenirá o ciúme, mas também dará um *upgrade* em como as pessoas o enxergam.

Mais uma vez reitero que, para cultivar o amor, o melhor caminho não é dar presentes caros, mas dar a mais cara de todas as joias: seu próprio ser. Dizer "Obrigado por você existir!" vale mais do que diamantes raros. A arte de dialogar refresca a relação, rejuvenesce a emoção e estimula o fenômeno RAM a construir janelas light que pavimentam o respeito e a admiração. Sem respeito e admiração, poderá haver temor, mas não amor.

Muitas famílias, nos primeiros minutos em que seus membros estão unidos, parecem extremamente afetivas, porém meia hora depois começa o inferno dos atritos. Usam armas que não tiram a vida mas asfixiam a emoção, o prazer, a troca, a cooperação. São especialistas em atirar pedras, não em proteger uns aos outros. São peritos em produzir janelas killer que financiam o julgamento e o distanciamento, não em arquivar experiências saudáveis que financiam o acolhimento e a aproximação.

Dialogar todos os dias, conversar abertamente na mesa do jantar, desligar a TV duas ou três vezes por semana durante pelo menos quinze minutos e começar a fazer a arte da pergunta para explorar os tesouros de quem amamos nutrem o amor e protegem a emoção contra seus transtornos.

Quem aprende a arte de ouvir, de perguntar e de superar a necessidade neurótica de ser perfeito aprende, consequentemente, o hábito da arte de dialogar, e quem aprende a arte de dialogar se torna um poeta do amor. Um poeta do amor, ainda que nunca tenha escrito poesias, vive sua relação como se fosse a mais bela de todas. Torna-se um amante excelente, um educador brilhante, um líder fascinante.

Oitavo hábito: superar a necessidade neurótica de mudar o outro

Uma das ferramentas que mais destroem os casais é a necessidade neurótica de mudar o outro.

Só os casais que estão mortos convivem em plena harmonia. Os vivos, por mais dosados que sejam, atritam-se, ainda que minimamente, têm atitudes divergentes e interpretações conflitantes. Viver a dois é a melhor maneira de revelar nossas limitações. E, em toda divergência, o Eu, como representante do livre-arbítrio e da autocrítica, deveria fazer o silêncio proativo, que é a oração dos sábios: calar-se por fora e debater por dentro. Todavia, somos rápidos em reagir e lentos em pensar. Tornamo-nos péssimos especialistas em mudar os outros, viciados em "querer" mudar o cérebro dos outros.

> Quem aprende a arte de ouvir, de perguntar e de superar a necessidade neurótica de ser perfeito aprende, consequentemente, o hábito da arte de dialogar, e quem aprende a arte de dialogar se torna um poeta do amor.

O tom de voz elevado, o excesso de críticas, as chantagens e as crises de ciúme são reflexos de um Eu que quer atuar como neurocirurgião para operar o cérebro da esposa, extirpar a teimosia do marido, extinguir a ansiedade do namorado, eliminar o radicalismo ou a timidez dos filhos. Esquecemos que o pensamento é virtual, que ele não pode mudar o território da emoção, que é real, a não ser, como vimos, que o Eu permita ou se omita.

Alguns conflitos entre casais surgem por motivos pequenos, mas vão se avolumando durante a discussão e, por fim, se tornam uma guerra emocional em que um quer mudar o outro a qualquer custo. Quem já tentou mudar uma pessoa teimosa? Se tentou, sinto muito, você a piorou. A melhor maneira de transformar uma pessoa lenta em mais lenta, uma pessoa arredia em mais arredia, uma pessoa teimosa em mais teimosa é pressionando-a a mudar.

Nossas atitudes grosseiras fazem com que os quatro fenômenos inconscientes que ajudam o Eu a pilotar a aeronave mental a dominem e se tornem autodestrutivos. Ao elevar o tom de voz numa discussão, por exemplo, se estimula o gatilho da memória (primeiro fenômeno) a disparar e abrir uma janela killer (segundo), cujo volume de tensão faz a âncora da memória (terceiro) se fixar nessa janela, levando o autofluxo (quarto) a começar a ler esse arquivo sem parar. Nesse caso, o Eu deixa de comandar a aeronave mental e fica amordaçado num camarote assistindo a crises, conflitos, acusações, atritos. Tal processo inconsciente ocorre nos ataques de ciúme. Eles fecham o circuito da memória e iniciam uma guerra que mina o romance.

Há cônjuges tão especialistas em discutir um com o outro que tudo é motivo de briga: o canal da TV, o volume do som, a temperatura do ar-condicionado, as manias do outro, o sal na comida, o cabelo em cima da pia do banheiro. São viciados em atritar, só se sentem vivos se estiverem perturbando um ao outro.

Casais amorosos, melosos, que se beijam todos os dias não têm nenhuma garantia de que terão um romance durável se não tiverem gestão da emoção. Em meu livro *Gestão da emoção*, comento que muitos casais começaram a relação na mais bela primavera e a terminaram no mais cáustico inverno porque não souberam gerenciar os vampiros que sangram a sua mente. Com o tempo, se entrincheiram e adotam como meta fundamental querer "operar" o cérebro do outro.

Não entendem que ninguém muda ninguém, temos o poder de piorar os outros, mas não de mudá-los. Não compreendem que o tom de voz alto é uma agressão, que apontar falhas com frequência é uma violência, que a crítica excessiva é um crime, que as comparações são uma estupidez, que usar de generalizações, como "você não tem jeito", "você é assim mesmo!", "você não resolve nada nesta casa!", é uma irracionalidade. Todas as estratégias que usamos para isso só cristalizam o que mais detestamos naquele que queremos mudar.

Diferenças entre o amor e o ciúme

Nas crises de ciúme, seu cérebro deixa o estado basal de relaxamento, fecha o circuito da memória e produz uma revolução metabólica que conduz seu corpo ao limite, para reagir rápida e violentamente. Parece que você está diante de um predador. Perder quem se ama é como estar sendo consumido por dentro. Sinais do hipotálamo, uma nobre região cerebral, chegam às glândulas adrenais por meio dos nervos simpáticos, liberando os hormônios do estresse, como adrenalina e noradrenalina. O resultado? Nos ataques de cobrança, desconfiança, medo da perda, ocorre um aumento da frequência cardíaca, dando a impressão de que seu coração sairá pela boca; os pulmões começam a ventilar rapidamente, e você se sente ofegante; a pressão sanguínea e a resposta imunológica sobem. Tudo isso para exaltar sua força muscular a fim de fugir ou lutar.

Mas fugir de quem? Do medo da perda! E lutar com quem? Com quem o está supostamente abandonando. Quem tem crises de ciúme, mais do que perder quem ama, perde primeiramente a si mesmo, perde seu autocontrole.

Em poucos minutos, uma pessoa angustiada pelo ciúme, que em seus embates deseja ansiosamente mudar o outro, não apenas esgota o planeta emoção de sua esposa, seu marido ou namorado, mas também, e em destaque, seu próprio cérebro. Gasta mais energia do que muitos trabalhadores braçais juntos.

Por que seu cérebro tem essas reações surpreendentes? Porque, para ele, você não é mais um número na multidão, e sim um ser humano único, inigualável, insubstituível. Você não deveria ter ciúme do outro, independentemente de quem quer que ele seja; deveria ter ciúme de você mesmo, da sua saúde emocional e física e da sua autoestima, que estão indo ladeira abaixo. Seu Eu pode diminuir seu valor, pode se inferiorizar diante de quem ama, menosprezar-se diante de celebridades, porém seu cérebro nunca fará isso. Para seu cérebro, ninguém é mais importante do que você: você é uma peça vital do universo e, portanto, deveria se abraçar e dizer: apesar de tudo, eu me amo.

Por isso, termino este livro exaltando as diferenças entre o amor e o ciúme:

- O amor é paciente, o ciúme é ansioso.
- O amor é generoso, o ciúme é egoísta.
- O amor é tolerante, o ciúme é julgador.
- O amor é curativo, o ciúme é vingativo.
- O amor é libertador, o ciúme é controlador.
- O amor é investidor, o ciúme é explorador.
- O amor é humilde, o ciúme é arrogante.

- O amor não guarda mágoas, o ciúme jamais as esquece.
- O amor é resiliente, o ciúme é hipersensível.
- O amor eleva a autoestima, o ciúme deprecia.
- O amor é colaborador, o ciúme é sabotador.

> Quem tem crises de ciúme, mais do que perder quem ama, perde primeiramente a si mesmo, perde seu autocontrole. Em poucos minutos, uma pessoa angustiada pelo ciúme, que em seus embates deseja ansiosamente mudar o outro, não apenas esgota o planeta emoção de sua esposa, seu marido ou namorado, mas também, e em destaque, seu próprio cérebro.

Uma carta de amor para você

De tudo o que aprendeu neste livro, se você gravar estas últimas palavras, eu, Augusto Cury, psiquiatra, escritor e pesquisador, ficarei humildemente realizado:

> De acordo com a gestão da emoção, ciúme é saudade de mim! Por quê? Porque toda pessoa que tem ciúme exige do outro aquilo que não dá para si. Toda pessoa que tem ciúme procura o reconhecimento e a atenção do outro, um reconhecimento e uma atenção que também não dá para si. Jamais se esqueça de que quem cobra demais de quem ama está apto a trabalhar numa financeira, mas não para ter um belíssimo romance. Portanto, você deve, em primeiro lugar, ter um caso de amor com sua saúde emocional, ser seu fã, se abraçar e se valorizar como um ser humano único no teatro da existência.

Porque ninguém pode amar de forma inteligente e sustentável seu parceiro ou sua parceira se primeiramente não amar a si mesmo. Antes de namorar alguém, por favor, namore a sua vida.

FIM

Estimulamos você a postar nas redes sociais essas últimas palavras do autor, usando a hashtag #ciumeesaudadedemim, e a presentear quem você ama com um exemplar desse livro.

Siga o autor nas redes sociais:
facebook.com/augustocuryautor
instagram.com/augustocury
twitter.com/augustocury

Referências bibliográficas

ADLER, Alfred. *A ciência da natureza humana*. São Paulo: Nacional, [s.d.].
ADORNO, Theodor W. *Educação e emancipação*. Rio de Janeiro: Paz e Terra, 1971.
CHAUÍ, Marilena. *Convite à filosofia*. São Paulo: Ática, 2000.
COSTA, Newton C. A. *Ensaios sobre os fundamentos da lógica*. São Paulo: Edusp, 1975.
CURY, Augusto. *A fascinante construção do Eu*. São Paulo: Academia da Inteligência, 2011.
_____. *Armadilhas da mente*. Rio de Janeiro: Arqueiro, 2013.
_____. *Em busca do sentido da vida*. São Paulo: Planeta do Brasil, 2013.
_____. *Inteligência multifocal*. São Paulo: Cultrix, 1999.
_____. *O código da inteligência*. Rio de Janeiro: Ediouro, 2009.
_____. *O colecionador de lágrimas:* holocausto nunca mais. São Paulo: Planeta do Brasil, 2012.

_____. *O mestre dos mestres*. São Paulo: Academia da Inteligência, 2000.

_____. *Pais brilhantes, professores fascinantes*. Rio de Janeiro: Sextante, 2003.

DESCARTES, René. *O discurso do método*. Brasília: UnB, 1981.

DUARTE, André. "A dimensão política da filosofia kantiana segundo Hannah Arendt". In: ARENDT, Hannah. *Lições sobre a filosofia política de Kant*. Rio de Janeiro: Relume Dumará, 1993.

FEUERSTEIN, Reuven. *Instrumental Enrichment:* an Intervention Program for Cognitive Modificability. Baltimore: University Park Press, 1980.

FOUCAULT, Michel. *A doença e a existência*. Rio de Janeiro: Folha Carioca, 1998.

FRANKL, Viktor Emil. *A questão do sentido em psicoterapia*. Campinas: Papirus, 1990.

FREIRE, Paulo. *Pedagogia dos sonhos possíveis*. São Paulo: Editora Unesp, 2005.

FREUD, Sigmund. *Obras completas*. Madri: Editorial Biblioteca Nueva, 1972.

FROMM, Erich. *Análise do homem*. Rio de Janeiro: Zahar, 1960.

GARDNER, Howard. *Inteligências múltiplas:* a teoria e a prática. Porto Alegre: Artes Médicas, 1994.

GOLEMAN, Daniel. *Inteligência emocional*. Rio de Janeiro: Objetiva, 1995.

HALL, Lindzey. *Teorias da personalidade*. São Paulo: EPU, 1973.

HEIDEGGER, Martin. *Heidegger*. São Paulo: Abril Cultural, 1989. (Coleção Os pensadores)

HUSSERL, Edmund. *La filosofía como ciencia estricta*. Buenos Aires: Nova, 1980.

JUNG, Carl Gustav. *O desenvolvimento da personalidade*. Petrópolis: Vozes, 1961.

KAPLAN, Harold I.; SADOCH, Benjamin J.; GREBB, Jack A. *Compêndio de psiquiatria*: ciência do comportamento e psiquiatria clínica. Porto Alegre: Artes Médicas, 1997.

KIERKEGAARD, Sören Aabye. *Diário de um sedutor e outras obras*. São Paulo: Abril Cultural, 1989.

LIPMAN, Matthew. *O pensar na educação*. Petrópolis: Vozes, 1995.

MASTEN, Ann S. "Ordinary Magic: Resilience Processes in Development". *American Psychologist*, v. 56, n. 3, 2001.

MASTEN, Ann S.; GARMEZY, Norman Risk. "Vulnerability and Protective Factors in Developmental Psychopathology". In: LAHEY, Benjamin B.; KAZDIN, Alan E. (eds.). *Advances in Clinical Child Psychology*, vol. 8. Nova York: Plenum Press, 1985.

MORIN, Edgar. *O homem e a morte*. Rio de Janeiro: Imago, 1997.

_____. *Os sete saberes necessários à educação do futuro*. São Paulo: Cortez; Unesco, 2000.

MUCHAIL, Salma T. "Heidegger e os pré-socráticos". In: MARTINS, Joel; DICHTCHEKENIAN, Maria Fernanda S. F. Beirão (orgs.). *Temas fundamentais de fenomenologia*. São Paulo: Moraes, 1984.

NACHMANOVITCH, Stephen. *Ser criativo*: o poder da improvisação na vida e na arte. São Paulo: Summus, 1993.

PIAGET, Jean. *Biologia e conhecimento*. Petrópolis: Vozes, 1996.

SARTRE, Jean-Paul. *O ser e o nada*. Petrópolis: Vozes, 1997.

STEINER, Claude. *Educação emocional*. Rio de Janeiro: Objetiva, 1997.

STERNBERG, Robert J. *Más allá del cociente intelectual*. Bilbao: Desclée de Brouwer, 1990.

STEVEN Pinker. *Cómo funciona la mente*. Buenos Aires: Planeta, 2001.

YUNES, Maria Angela M. *A questão triplamente controvertida da resiliência em famílias de baixa renda*. Tese (Doutorado) – Pontifícia Universidade Católica de São Paulo, São Paulo, 2001.

YUNES, Maria Angela M.; SZYMANSKI, Heloísa. "Resiliência: noção, conceitos afins e considerações críticas". In: TAVARES, José (org.). *Resiliência e educação*. São Paulo: Cortez, 2001.

Parabéns às escolas que educam a emoção

Parabéns às mais de 800 escolas que adotaram o programa Escola da Inteligência (EI). Elas descobriram que o EI é o primeiro programa mundial de gestão da emoção para crianças e adolescentes e o primeiro programa mundial de prevenção de transtornos emocionais e controle de ansiedade para alunos. É ainda o maior programa de educação socioemocional do planeta na atualidade. São mais de 200 mil alunos. Só no ano passado, 80 mil novos estudantes entraram para o programa EI no Brasil.

Contamos com o maior time de psicólogos e pedagogos especializados em educação socioemocional do país. Eles, inclusive, já treinaram dezenas de milhares de pais e mais de 6 mil professores. Esses professores são profissionais das próprias escolas que adotam o EI e que, apoiados por riquíssimo material, dão uma aula por semana dentro da grade curricular.

O objetivo do programa Escola da Inteligência é ensinar crianças e adolescentes a proteger a emoção, administrar a ansiedade, ter autocontrole, trabalhar perdas e frustrações, colocar-se no lugar dos outros, pensar antes de reagir, ser líder, libertar a criatividade, se reinventar no caos, ter resiliência (aumentar o limiar para suportar frustrações), empreender, ousar, ser autor da própria história. Entre os outros benefícios do programa está a melhoria da oratória e da redação.

O dr. Augusto Cury desenvolveu o programa durante trinta anos. Agora, diversos países querem importá-lo. É o Brasil contribuindo com a humanidade! Além disso, estamos aplicando o programa gratuitamente em orfanatos e nas escolas mais violentas do Brasil.

Os pais ficam encantados, os professores, fascinados, e os alunos, do Ensino Infantil ao Médio, não veem a hora de ter a aula do programa EI. Parabéns novamente às escolas que o adotaram.

Queridos pais, se vocês acham importante que seu filho participe do programa Escola da Inteligência, procurem uma escola que já o adotou ou solicitem o mais rápido possível que o diretor da escola do seu filho o conheça. A qualidade de vida do seu filho não pode esperar.

Para mais informações, acesse:
www.escoladainteligencia.com.br
Ou entre em contato: (16) 3602-9420 /
comercial@escoladainteligencia.com.br

Hotel Gestão da Emoção

Coaching para reabilitação de dependência química e demais transtornos emocionais

Conheça o primeiro hotel de gestão da emoção para reabilitação de dependentes de drogas, álcool e demais transtornos emocionais do Brasil.

Trata-se de um projeto privado, com metodologia exclusiva do dr. Augusto Cury, psiquiatra e pesquisador, com livros publicados em mais de 70 países.

Um lugar agradável, no centro de uma floresta, onde as pessoas ficam hospedadas por aproximadamente seis meses para estudar o mais nobre de todos os coachings: a gestão da emoção. Sem gestão da emoção, ricos se tornam miseráveis, dependentes químicos se tornam escravos vivendo em sociedades livres.

No cronograma de atividades estão inclusos encontros diários com psicólogos que fazem coaching emocional englobando três aspectos: estresse e ansiedade, relacionamentos e conflitos e desenvolvimento de carreira. Os pacientes têm à disposição sessões de psicoterapia individualizada e em grupo, educação física e terapia ocupacional, além de acompanhamento com médico psiquiatra.

No Hotel Gestão da Emoção, os hóspedes não se sentem doentes a serem tratados, mas seres humanos a serem reconstruídos.

Seja bem-vindo, e conheça as excelentes ferramentas e técnicas para que você tenha mais condições de se tornar o autor da sua própria história!

Vagas limitadas.
Mais informações e contatos:
www,hotelgestaodaemocao.com.br
Fones: (17) 9-9181-1000 / (17) 3341-8212